《企业会计准则第24号——套期会计》应用指南 2018

财政部会计司编写组　编著

中国财经出版传媒集团
中国财政经济出版社

图书在版编目（CIP）数据

《企业会计准则第 24 号——套期会计》应用指南.
2018/财政部会计司编写组编著.—北京：中国财政
经济出版社，2018.5
　ISBN 978-7-5095-8249-7

　Ⅰ.①企…　Ⅱ.①财…　Ⅲ.①企业-会计准则-中国-
指南　Ⅳ.①F279.23-62

中国版本图书馆 CIP 数据核字（2018）第 095176 号

责任编辑：黄双蓉　　　　　　责任校对：张　凡
封面设计：王　颖

中国财政经济出版社 出版

URL：http://www.cfeac.com
E-mail：cfeac@cfemg.cn
（版权所有　翻印必究）
社址：北京市海淀区阜成路甲 28 号　邮政编码：100142
营销中心电话：010-88191522
天猫网店：中国财政经济出版社旗舰店
http://zgczjjcbs.tmall.com
北京富生印刷厂印刷　各地新华书店经销
787×1092 毫米　16 开　6.75 印张　80 000 字
2018 年 7 月第 1 版　2018 年 7 月北京第 2 次印刷
定价：20.00 元
ISBN 978-7-5095-8249-7
（图书出现印装问题，本社负责调换）
本社质量投诉电话：010-88190744
打击盗版举报热线：010-88191661、QQ：2242791300

目 录

一、**总体要求** / 1

二、**关于应设置的会计科目和主要账务处理** / 2
 （一）"套期工具"科目 / 2
 （二）"被套期项目"科目 / 3
 （三）"套期损益"科目 / 3
 （四）"净敞口套期损益"科目 / 4
 （五）在"其他综合收益"科目下设置"套期储备"明细科目 / 4
 （六）在"其他综合收益"科目下设置"套期损益"明细科目 / 5
 （七）在"其他综合收益"科目下设置"套期成本"明细科目 / 5

三、**关于套期会计概述** / 7
 （一）套期的概念 / 7
 （二）套期的分类 / 7
 （三）套期会计方法 / 9

四、**关于套期工具和被套期项目** / 11
 （一）套期工具 / 11
 （二）被套期项目 / 16

五、**关于套期关系评估** / 30
 （一）运用套期会计的条件 / 30
 （二）套期关系再平衡 / 36

（三）套期关系的终止 / 38

六、关于确认和计量 / 41
（一）公允价值套期 / 41
（二）现金流量套期 / 52
（三）境外经营净投资套期 / 57
（四）套期关系再平衡的会计处理 / 60
（五）一组项目套期的会计处理 / 62
（六）期权时间价值的会计处理 / 66
（七）远期合同的远期要素和金融工具的外汇基差的
　　　会计处理 / 72

七、关于信用风险敞口的公允价值选择权 / 73
（一）指定条件 / 73
（二）相关会计处理 / 74

八、关于衔接规定 / 77

附录一　企业会计准则第 24 号——套期会计 / 79
附录二　《企业会计准则第 24 号——套期会计》
　　　　修订说明 / 96

一、总体要求

《企业会计准则第 24 号——套期会计》（以下简称本准则）对开展套期业务的企业选择运用套期会计时的会计处理进行了规范。企业符合运用套期会计的条件且选择运用套期会计的，应当按照本准则的要求进行会计处理，并且应当按照《企业会计准则第 37 号——金融工具列报》中有关套期会计披露的要求进行信息披露。

企业在经营活动中会面临各类风险，其中涉及外汇风险、利率风险、价格风险、信用风险等。对于此类风险敞口，企业可能会选择通过利用金融工具产生反向的风险敞口（即开展套期业务）来进行风险管理活动。套期会计的目标是在财务报告中反映企业采用金融工具管理因特定风险引起的风险敞口的风险管理活动的影响。

企业应当按照本准则的要求，将套期分为公允价值套期、现金流量套期和境外经营净投资套期，分别进行会计处理。企业应当按照本准则规定进行套期关系的评估。适用套期关系再平衡的，企业应当进行套期关系再平衡，通过调整套期关系的套期比率，使其重新满足套期有效性要求，从而延续套期关系。企业一旦正式指定套期关系并选择应用套期会计的，只能在企业不再符合本准则规定的特定条件时终止应用套期会计，不得自行终止应用套期会计。

本准则同时提供了套期会计的一种替代方法，即企业可以将符合条件的某项面临信用风险的金融工具的整体或部分指定为以公允价值计量且其变动计入当期损益的金融工具，以减少与作为套期工具的信用衍生工具之间会计计量的不匹配，使两者公允价值变动形成自然对冲，从而便于企业管理信用风险，减少损益波动。

二、关于应设置的会计科目和主要账务处理

企业按照本准则规定进行会计处理，一般需要设置以下科目：

（一）"套期工具"科目

1. 本科目核算企业开展套期业务（包括公允价值套期、现金流量套期和境外经营净投资套期）的套期工具及其公允价值变动形成的资产或负债。

2. 本科目可按套期工具类别或套期关系进行明细核算。

3. 主要账务处理。

（1）企业将已确认的衍生工具、以公允价值计量且其变动计入当期损益的非衍生金融资产或非衍生金融负债等金融资产或金融负债指定为套期工具的，应当按照其账面价值，借记或贷记本科目，贷记或借记"衍生工具""交易性金融资产"等科目。

（2）资产负债表日，对于公允价值套期，应当按照套期工具产生的利得，借记本科目，贷记"套期损益""其他综合收益——套期损益"等科目，套期工具产生损失作相反的会计分录；对于现金流量套期，应当按照套期工具产生的利得，借记本科目，按照套期有效部分的变动额，贷记"其他综合收益——套期储备"等科目，按照套期工具产生的利得和套期有效部分变动额的差额，贷记"套期损益"科目，套期工具产生损失作相反的会计分录。

（3）金融资产或金融负债不再作为套期工具核算的，应当按照套期工具形成的资产或负债，借记或贷记有关科目，贷记或借记本科目。

4. 本科目期末借方余额，反映企业套期工具形成资产的公允价值；本科目期末贷方余额，反映企业套期工具形成负债的公允价值。

（二）"被套期项目"科目

1. 本科目核算企业开展套期业务的被套期项目及其公允价值变动形成的资产或负债。

2. 本科目可按被套期项目类别或套期关系进行明细核算。

3. 主要账务处理。

（1）企业将已确认的资产、负债或其组成部分指定为被套期项目的，应当按照其账面价值，借记或贷记本科目，贷记或借记"原材料""债权投资""长期借款"等科目。已计提跌价准备或减值准备的，还应当同时结转跌价准备或减值准备。

（2）资产负债表日，对于公允价值套期，应当按照被套期项目因被套期风险敞口形成的利得，借记本科目，贷记"套期损益""其他综合收益——套期损益"等科目；被套期项目因被套期风险敞口形成损失作相反的会计分录。

（3）资产或负债不再作为被套期项目核算的，应当按照被套期项目形成的资产或负债，借记或贷记有关科目，贷记或借记本科目。

4. 本科目期末借方余额，反映企业被套期项目形成的资产；本科目期末贷方余额，反映企业被套期项目形成的负债。

（三）"套期损益"科目

1. 本科目核算套期工具和被套期项目价值变动形成的利得和损失。

2. 本科目可按套期关系进行明细核算。

3. 主要账务处理。

（1）资产负债表日，对于公允价值套期，应当按照套期工具产生的利得，借记"套期工具"科目，贷记本科目；套期工具产生损失作相反的会计分录。对于现金流量套期，套期工具的利得中属于套期无效的部分，借记"套期工具"科目，贷记本科目；套期工具的损失中属于套期无效的部分，作相反的会计分录。

（2）资产负债表日，对于公允价值套期，应当按照被套期项目因被套期风险敞口形成的利得，借记"被套期项目"科目，贷记本科目；被套期项目因被套期风险敞口形成损失作相反的会计分录。

4. 期末，应当将本科目余额转入"本年利润"科目，结转后本科目无余额。

（四）"净敞口套期损益"科目

1. 本科目核算净敞口套期下被套期项目累计公允价值变动转入当期损益的金额或现金流量套期储备转入当期损益的金额。

2. 本科目可按套期关系进行明细核算。

3. 主要账务处理。

（1）对于净敞口公允价值套期，应当在被套期项目影响损益时，将被套期项目因被套期风险敞口形成的累计利得或损失转出，贷记或借记"被套期项目"等科目，借记或贷记本科目。

（2）对于净敞口现金流量套期，应当在将相关现金流量套期储备转入当期损益时，借记或贷记"其他综合收益——套期储备"，贷记或借记本科目；将相关现金流量套期储备转入资产或负债的，当资产和负债影响损益时，借记或贷记资产（或其备抵科目）、负债科目，贷记或借记本科目。

4. 期末，应当将本科目余额转入"本年利润"科目，结转后本科目无余额。

（五）在"其他综合收益"科目下设置"套期储备"明细科目

1. 本明细科目核算现金流量套期下套期工具累计公允价值变动中的套期有效部分。

2. 本明细科目可按套期关系进行明细核算。

3. 主要账务处理。

（1）资产负债表日，套期工具形成的利得或损失中属于套期有效部分的，借记或贷记"套期工具"科目，贷记或借记本明细科目；属于套期无效部分的，借记或贷记"套期工具"科目，贷记或借记"套期损益"科目。

（2）企业将套期储备转出时，借记或贷记本明细科目，贷记或借记有关科目。

（六）在"其他综合收益"科目下设置"套期损益"明细科目

1. 本明细科目核算公允价值套期下对指定为以公允价值计量且其变动计入其他综合收益的非交易性权益工具投资或其组成部分进行套期时，套期工具和被套期项目公允价值变动形成的利得和损失。

2. 本明细科目可按套期关系进行明细核算。

3. 主要账务处理。

（1）资产负债表日，应当按照套期工具产生的利得，借记"套期工具"科目，贷记本明细科目；套期工具产生损失作相反的会计分录。

（2）资产负债表日，应当按照被套期项目因被套期风险敞口形成的利得，借记"被套期项目"科目，贷记本明细科目；被套期项目因被套期风险敞口形成损失作相反的会计分录。

4. 当套期关系终止时，应当借记或贷记本明细科目，贷记或借记"利润分配——未分配利润"等科目。

（七）在"其他综合收益"科目下设置"套期成本"明细科目

1. 本明细科目核算企业将期权的时间价值、远期合同的远期要素或金融工具的外汇基差排除在套期工具之外时,期权的时间价值等产生的公允价值变动。

2. 本明细科目可按套期关系进行明细核算。

3. 主要账务处理。

(1) 资产负债表日,对于期权的时间价值等的公允价值变动中与被套期项目相关的部分,应当借记或贷记"衍生工具"等科目,贷记或借记本明细科目。

(2) 企业在将相关金额从其他综合收益中转出时,借记或贷记本明细科目,贷记或借记有关科目。

三、关于套期会计概述

（一）套期的概念

本准则所称套期，是指企业为管理外汇风险、利率风险、价格风险、信用风险等特定风险引起的风险敞口，指定金融工具为套期工具，以使套期工具的公允价值或现金流量变动，预期抵销被套期项目全部或部分公允价值或现金流量变动的风险管理活动。例如，企业运用商品期货进行套期时，其套期策略通常是，买入（卖出）与现货市场数量相当、但交易方向相反的期货合同，以期在未来某一时间通过期货合同的公允价值变动来补偿现货市场价格变动所带来的价格风险。又如，企业为规避外汇风险，与某金融机构签订外币期权合同，对现存数额较大的美元敞口进行外汇风险套期。

（二）套期的分类

在套期会计中，套期分为公允价值套期、现金流量套期和境外经营净投资套期。

1. 公允价值套期。

公允价值套期，是指对已确认资产或负债、尚未确认的确定承诺，或上述项目组成部分的公允价值变动风险敞口进行的套期。该公允价值变动源于特定风险，且将影响企业的损益或其他综合收益。其中，影响其他综合收益的情形，仅限于企业对指定为以公允价值计量且其变动计入其他综合收益的非交易性权益工具投资的公允价值变动风险敞口进行的套期。

以下是公允价值套期的例子：

（1）某企业签订一项以固定利率换浮动利率的利率互换合约，

对其承担的固定利率负债的利率风险引起的公允价值变动风险敞口进行套期。

（2）某石油公司签订一项6个月后以固定价格购买原油的合同（尚未确认的确定承诺），为规避原油价格风险，该公司签订一项未来卖出原油的期货合约，对该确定承诺的价格风险引起的公允价值变动风险敞口进行套期。

（3）某企业购买一项看跌期权合同，对持有的选择以公允价值计量且其变动计入其他综合收益的非交易性权益工具投资的证券价格风险引起的公允价值变动风险敞口进行套期。

2. 现金流量套期。

现金流量套期，是指对现金流量变动风险敞口进行的套期。该现金流量变动源于与已确认资产或负债、极可能发生的预期交易，或与上述项目组成部分有关的特定风险，且将影响企业的损益。

以下是现金流量套期的例子：

（1）某企业签订一项以浮动利率换固定利率的利率互换合约，对其承担的浮动利率债务的利率风险引起的现金流量变动风险敞口进行套期。

（2）某橡胶制品公司签订一项未来买入橡胶的远期合同，对3个月后预期极可能发生的与购买橡胶相关的价格风险引起的现金流量变动风险敞口进行套期。

（3）某企业签订一项购入外币的外汇远期合同，对以固定外币价格买入原材料的极可能发生的预期交易的外汇风险引起的现金流量变动风险敞口进行套期。

3. 境外经营净投资套期。

境外经营净投资套期，是指对境外经营净投资外汇风险敞口进行的套期。境外经营净投资套期中的被套期风险是指境外经营的记账本位币与母公司的记账本位币之间的折算差额。

此外，企业对确定承诺的外汇风险进行套期的，按照本准则的规定，可以将其作为现金流量套期或公允价值套期处理。例如，某航空公司签订一项3个月后以固定外币金额购买飞机的合同（尚未确认的确定承诺），为规避外汇风险，签订一项外汇远期合同，对该确定承诺的外汇风险引起的公允价值变动或者现金流量变动风险敞口进行套期。

（三）套期会计方法

对于满足本准则规定条件的套期，企业可运用套期会计方法进行处理。

套期会计方法，是指企业将套期工具和被套期项目产生的利得或损失在相同会计期间计入当期损益（或其他综合收益）以反映风险管理活动影响的方法。

企业开展套期业务以进行风险管理，但是如果按照常规的会计处理方法，可能会导致损益产生更大的波动，这是因为企业被套期的风险敞口和对风险敞口进行套期的金融工具的确认和计量基础不一定相同。例如，企业使用衍生工具对某项极可能发生的预期交易的价格风险进行套期，按照常规会计处理方法，该衍生工具应当以公允价值计量且其变动计入当期损益，而预期交易则需到交易发生时才能予以确认，这样，企业利润表反映的损益就会产生较大的波动。再如，企业使用衍生工具对其持有的存货的价格风险进行套期，按照常规会计处理方法，该衍生工具应当以公允价值计量且其变动计入当期损益，而存货则以成本与可变现净值孰低计量，这同样会导致企业利润表反映的损益产生较大的波动。企业使用金融工具进行风险管理的目的是对冲风险，减少企业损益的波动，而由于常规会计处理方法中有关确认和计量基础不一致，在一定会计期间不仅可能无法如实反映企业的风险管理活动，反而可能会在财务报表上

"扩大风险"。因此,尽管从长期来看,被套期项目和套期工具实现了风险的对冲,但是在套期存续期所涵盖的各个会计报告期间内,在常规会计处理方法下有可能会产生会计错配和损益波动。套期会计方法基于企业风险管理活动,将套期工具和被套期项目产生的利得或损失在相同会计期间计入当期损益(或其他综合收益),有助于处理被套期项目和套期工具在确认和计量方面存在的上述差异,并在企业财务报告中如实反映企业进行风险管理活动的影响。

四、关于套期工具和被套期项目

(一) 套期工具

1. 符合条件的套期工具。

套期工具,是指企业为进行套期而指定的、其公允价值或现金流量变动预期可抵销被套期项目的公允价值或现金流量变动的金融工具。

根据套期工具的定义和本准则的规定,可以作为套期工具的金融工具包括:

(1) 以公允价值计量且其变动计入当期损益的衍生工具,但签出期权除外。企业只有在对购入期权(包括嵌入在混合合同中的购入期权)进行套期时,签出期权才可以作为套期工具。嵌入在混合合同中但未分拆的衍生工具不能作为单独的套期工具。

衍生工具通常可以作为套期工具。衍生工具包括远期合同、期货合同、互换和期权,以及具有远期合同、期货合同、互换和期权中一种或一种以上特征的工具等。例如,某企业为规避库存铜价格下跌的风险,可以卖出一定数量铜期货合同。其中,铜期货合同即是套期工具。

衍生工具无法有效地对冲被套期项目风险的,不能作为套期工具。企业的签出期权(除非该签出期权指定用于抵销购入期权)不能作为套期工具,因为该期权的潜在损失可能大大超过被套期项目的潜在利得,从而不能有效地对冲被套期项目的风险。而购入期权的一方可能承担的损失最多就是期权费,可能拥有的利得通常等于或大大超过被套期项目的潜在损失,可被用来有效对冲被套期项目的风险,因此购入期权的一方可以将购入的期权作为套期工具。

(2) 以公允价值计量且其变动计入当期损益的非衍生金融资产或非衍生金融负债,但指定为以公允价值计量且其变动计入当期损益、且其自身信用风险变动引起的公允价值变动计入其他综合收益的金融负债除外。

对于指定为以公允价值计量且其变动计入当期损益、且其自身信用风险变动引起的公允价值变动计入其他综合收益的金融负债,由于没有将整体公允价值变动计入损益,不能被指定为套期工具。

【例1】甲公司持有1年期的票据,其收益率与黄金价格指数挂钩。甲公司将该票据分类为以公允价值计量且其变动计入当期损益的金融资产。同时,甲公司签订了一项1年后以固定价格购买黄金的合同(尚未确认的确定承诺),以满足生产需要。

本例中,该票据作为以公允价值计量且其变动计入当期损益的非衍生金融资产,可以被指定为套期工具,对尚未确认的确定承诺的价格风险引起的公允价值变动风险敞口进行套期。

需要注意的是,并非所有以公允价值计量且其变动计入当期损益的金融工具均为符合条件的套期工具。企业应当对因运用公允价值选择权而被指定为以公允价值计量且其变动计入当期损益的金融工具进行评估,以确保套期工具的指定并未与运用公允价值选择权的目标相冲突,即不会再次产生已通过运用公允价值选择权消除的会计错配。

(3) 对于外汇风险套期,企业可以将非衍生金融资产(选择以公允价值计量且其变动计入其他综合收益的非交易性权益工具投资除外)或非衍生金融负债的外汇风险成分指定为套期工具。

【例2】甲公司的记账本位币为人民币,发行了5 000万美元、年利率5%的固定利率债券,每半年支付一次利息,2年后到期。甲公司将该债券分类为以摊余成本计量的金融负债。甲公司同时签订了2年后到期的、5 000万美元的固定价格销售承诺(尚未确认的确定承诺)。

本例中,甲公司可以将以摊余成本计量的美元负债的外汇风险成分作为套期工具,对固定价格销售承诺的外汇风险引起的公允价值变动或者现金流量变动风险敞口进行套期。

2. 对套期工具的指定。

(1) 企业在确立套期关系时,应当将前述符合条件的金融工具整体(或外汇风险套期中的非衍生金融资产或非衍生金融负债的外汇风险成分)指定为套期工具。因为企业对套期工具进行计量时,通常以该金融工具整体为对象,采用单一的公允价值基础对其进行计量。但是,由于期权的时间价值、远期合同的远期要素和金融工具的外汇基差通常具备套期成本的特征且可以单独计量,为便于提高某些套期关系的有效性,本准则允许企业在对套期工具进行指定时,作出以下例外处理:

①对于期权,企业可以将期权的内在价值和时间价值分开,只将期权的内在价值变动指定为套期工具。期权的价值包括内在价值(立即执行期权时现货价格与行权价格之差所带来的收益)和时间价值(期权的价格与内在价值之差)。随着期权临近到期,期权的时间价值不断减少直至为零。当企业仅指定期权的内在价值变动为套期工具时,与期权的时间价值相关的公允价值变动被排除在套期有效性评估之外,从而能够提高套期的有效性。

②对于远期合同,企业可以将远期合同的远期要素和即期要素分开,只将即期要素的价值变动指定为套期工具。远期合同的即期要素反映了基础项目远期价格和现货价格的差异,而远期要素的特征取决于不同的基础项目。当企业仅指定远期合同的即期要素的价值变动为套期工具时,能够提高套期的有效性。

③对于金融工具,企业可以将金融工具的外汇基差单独分拆,只将排除外汇基差后的金融工具指定为套期工具。外汇基差反映了

货币主权信用差异、市场供求等因素所带来的成本。将外汇基差分拆,只将排除外汇基差后的金融工具指定为套期工具,能够提高套期的有效性。

(2)企业可以将套期工具的一定比例指定为套期工具,但不可以将套期工具剩余期限内某一时段的公允价值变动部分指定为套期工具。

【例3】甲公司拥有一项支付固定利息、收取浮动利息的互换合同,拟将其用于对该公司所发行的浮动利率债券进行套期。该互换合同的剩余期限为10年,而债券的剩余期限为5年。在这种情况下,甲公司不能将该互换合同剩余期限中前5年的互换合同公允价值变动指定为套期工具。

(3)企业可以将两项或两项以上金融工具(或其一定比例)的组合指定为套期工具(包括组合内的金融工具形成风险头寸相互抵销的情形)。

【例4】甲公司发行了10年期的固定利率债券。甲公司的风险管理策略为固定未来12个月的利率。因此,甲公司在发行该债券时签订了10年期收取固定利率、支付浮动利率的互换合同(互换条款与债券条款完全匹配)和1年期收取浮动利率、支付固定利率的互换合同。

本例中,如果其他套期会计条件均满足,甲公司可以将这两个互换合同的组合指定为对该债券第2年到第10年利率风险进行公允价值套期的套期工具。

对于一项由签出期权和购入期权组成的期权(如利率上下限期权),或对于两项或两项以上金融工具(或其一定比例)的组合,其在指定日实质上相当于一项净签出期权的,不能将其指定为套期工具。只有在对购入期权(包括嵌入在混合合同中的购入期权)进行套期时,净签出期权才可以作为套期工具。

对于一项由签出期权和购入期权组成的期权,当同时满足以下条件时,实质上不是一项净签出期权,可以将其指定为套期工具:

①企业在期权组合开始时以及整个期间未收取净期权费;

②除了行权价格,签出期权组成部分和购入期权组成部分的关键条款是相同的(包括基础变量、计价货币及到期日);

③签出期权的名义金额不大于购入期权的名义金额。

【例5】甲公司发行了5年期、1亿元的浮动利率债券。为了对该债券利率风险进行套期,甲公司在债券发行当日购入利率上下限期权组合以对债券高于8%、低于4%的利率风险进行套期。发行当日市场上同等期限债券的市场利率为6%,购入期权的上限与签出期权的下限相比很可能产生溢价,因此甲公司支付净期权费50万元。该利率上下限期权组合中购入的上限8%和签出的下限4%的名义本金同为1亿元。

本例中,由于企业未收取净期权费(支付净期权费50万元),签出期权和购入期权的关键条款相同,且签出期权的名义本金不大于购入期权的名义本金,因此甲公司可以将该利率上下限期权组合指定为对浮动利率债券进行现金流量套期的套期工具。

3. 使用单一套期工具对多种风险进行套期。

企业通常将单项套期工具指定为对一种风险进行套期。但是,如果套期工具与被套期项目的不同风险敞口之间有具体对应关系,则一项套期工具可以被指定为对一种以上的风险进行套期。

【例6】甲公司的记账本位币是人民币,其承担了一项5年期浮动利率的美元债务。为规避该金融负债的外汇风险和利率风险,甲公司与某金融机构签订一项交叉货币利率互换合同(互换合同的条款与金融负债的条款相匹配),并将该互换合同指定为套期工具。根据该互换合同,甲公司将定期收取以美元浮动利率计算确定的利息,同时支付以人民币固定利率计算确定的利息。

本例中,一项互换合同被指定为同时对金融负债的外汇风险和利率风险进行套期的套期工具。

(二) 被套期项目

1. 符合条件的被套期项目。

被套期项目,是指使企业面临公允价值或现金流量变动风险,且被指定为被套期对象的、能够可靠计量的项目。

根据被套期项目的定义和本准则的规定,企业可以将下列单个项目、项目组合或其组成部分指定为被套期项目:

(1) 已确认资产或负债。

(2) 尚未确认的确定承诺。其中,确定承诺,是指在未来某特定日期或期间,以约定价格交换特定数量资源、具有法律约束力的协议;尚未确认,是指尚未在资产负债表中确认。

【例7】甲公司为我国境内机器生产企业,采用人民币作为记账本位币。甲公司与境外乙公司签订了一项设备购买合同,约定6个月后按固定的外币价格购入设备,即甲公司与乙公司达成了一项确定承诺。同时,甲公司签订了一份外币远期合同,以对该项确定承诺产生的外汇风险进行套期。

本例中,该确定承诺可以被指定为被套期项目,外币远期合同可以被指定为公允价值套期或现金流量套期中的套期工具。

(3) 极可能发生的预期交易。其中,预期交易,是指尚未承诺但预期会发生的交易。评估预期交易发生的可能性不能仅依靠企业管理人员的意图,而应当基于可观察的事实和相关因素。在评估预期交易发生的可能性时,企业应当考虑以下因素:

①类似交易之前发生的频率;

②企业在财务和经营上从事此项交易的能力;

③企业有充分的资源(例如,在短期内仅能用于生产某一类型

商品的设备）能够完成此项交易；

④交易不发生时可能对经营带来的损失和破坏程度；

⑤为达到相同的业务目标，企业可能会使用在实质上不同的交易的可能性（例如，计划筹集资金的企业可以通过获取银行贷款或者发行股票等方式筹集资金）；

⑥企业的业务计划。

此外，企业还应当考虑预期交易发生时点距离当前的时间跨度和预期交易的数量或价值占企业相同性质交易的数量或价值的比例。在其他因素相同的情况下，预期交易发生的时间越远或预期交易的数量或价值占企业相同性质交易的数量或价值的比例越高，预期交易发生的可能性就越小，就越需要有更强有力的证据来支持"极可能发生"的判断。例如，企业预计将在3年后发生的交易比预计将在3个月后发生的交易的可能性小，判断前者"极可能发生"时需要更多的证据支持；企业预计将在1个月内销售1 000件商品（假设在过去3个月平均每月的销售量为1 000件）比预计将在1个月内销售200件商品的可能性小，判断前者"极可能发生"时需要更多的证据支持。

企业应当明确区分预期交易与确定承诺。

【例8】 预期交易：2×18年5月1日，甲公司预期2个月后将购买200吨铜，用于2×18年7月的生产。

确定承诺：2×18年5月1日，甲公司签订了一份法律上具有约束力的采购协议，约定于2×18年6月30日向乙公司以每吨4万元的价格购买200吨铜。

本例中，签订了法律上具有约束力的采购协议为确定承诺，而尚未承诺但预期会发生的交易为预期交易。

（4）境外经营净投资。

本准则规定，境外经营净投资可以被指定为被套期项目。境外经营净投资，是指企业在境外经营净资产中的权益份额。企业既无计划也无可能在可预见的未来会计期间结算的长期外币货币性应收项目（含贷款），应当视同实质构成境外经营净投资的组成部分。因销售商品或提供劳务等形成的期限较短的应收账款不构成境外经营净投资。

境外经营可以是企业在境外的子公司、合营安排、联营企业或分支机构。在境内的子公司、合营安排、联营企业或分支机构，采用不同于企业记账本位币的，也视同境外经营。

【例9】甲公司的记账本位币为人民币，2×18年1月1日，甲公司以1亿美元从非关联方处购买了境外乙公司的全部普通股股份，取得控制权。在购买日，乙公司的可辨认净资产的公允价值为7 000万美元。甲公司合并财务报表中确认相应商誉3 000万美元。同时，在购买日，甲公司向乙公司提供长期借款2 000万美元，甲公司将其作为长期应收款处理，但甲公司既无计划也无可能在可预见的未来会计期间收回这笔长期应收款。

在购买日，如果甲公司计划对乙公司的境外经营净投资进行套期，则能够被指定为被套期项目的境外经营净投资的最大金额为1.2亿美元，包括所购境外经营的可辨认净资产7 000万美元，构成境外经营净投资一部分的商誉3 000万美元，以及甲公司对乙公司的长期应收款2 000万美元。

企业确定被套期项目时，应当注意以下几点：

（1）作为被套期项目，应当会使企业面临公允价值或现金流量变动风险（即被套期风险），在本期或未来期间会影响企业的损益或其他综合收益。与之相关的被套期风险，通常包括外汇风险、利率风险、商品价格风险、股票价格风险等。企业的一般经营风险（如固定资产毁损风险等）不能作为被套期风险，因为这些风险不能具体识别和单独计量。同样地，企业合并交易中，与购买另一个企业的确定承诺相关的风险（不包括外汇风险）也不能作为被套期风险。

（2）采用权益法核算的股权投资不能在公允价值套期中作为被套期项目，因为权益法下，投资方只是将其在联营企业或合营企业中的损益份额确认为当期损益，而不确认投资的公允价值变动。与之相类似，对纳入合并财务报表范围的子公司投资也不能作为被套期项目，但对境外经营净投资可以作为被套期项目，因为相关的套期指定针对的是外汇风险，而不是境外经营净投资的公允价值变动风险。

（3）在运用套期会计时，在合并财务报表层面，只有与企业集团之外的对手方之间交易形成的资产、负债、尚未确认的确定承诺或极可能发生的预期交易才能被指定为被套期项目；在合并财务报表层面，只有与企业集团之外的对手方签订的合同才能被指定为套期工具。对于同一企业集团内的主体之间的交易，在企业个别财务报表层面可以运用套期会计，在企业集团合并财务报表层面不得运用套期会计，但下列情形除外：

①在合并财务报表层面，符合《企业会计准则第33号——合并财务报表》规定的投资性主体与其以公允价值计量且其变动计入当期损益的子公司之间的交易，可以运用套期会计。

②企业集团内部交易形成的货币性项目的汇兑收益或损失，不能在合并财务报表中全额抵销的，企业可以在合并财务报表层面将该货币性项目的外汇风险指定为被套期项目。

③企业集团内部极可能发生的预期交易，按照进行此项交易的主体的记账本位币以外的货币标价，且相关的外汇风险将影响合并损益的，企业可以在合并财务报表层面将该外汇风险指定为被套期项目。

2. 项目组成部分作为被套期项目的规定和要求。

按照本准则的规定，企业可以将上述已确认资产或负债、尚未确认的确定承诺、极可能发生的预期交易以及境外经营净投资等单个项目整体或者项目组合指定为被套期项目，企业也可以将上述单个项目或者项目组合的一部分（项目组成部分）指定为被套期项目。

项目组成部分是指小于项目整体公允价值或现金流量变动的部分，它仅反映其所属项目整体面临的某些风险，或仅反映一定程度的风险（例如对某项目的一定比例进行指定时）。按照本准则的规定，企业只能将下列项目组成部分或其组合指定为被套期项目：

（1）项目整体公允价值或现金流量变动中仅由某一个或多个特定风险引起的公允价值或现金流量变动部分（风险成分）。

在风险管理实务中，企业经常不是为了对被套期项目整体公允价值或现金流量变动进行套期，而仅为了对特定风险成分进行套期。允许对风险成分进行指定使企业能够更灵活地识别被套期风险。按照本准则的规定，在将风险成分指定为被套期项目时，该风险成分应当能够单独识别并可靠计量。

在识别可被指定为被套期项目的风险成分时，企业应当基于该等风险及相关套期活动所发生的特定市场环境进行评估，并考虑因风险和市场而异的相关事实和情况（例如相关风险成分是否都有市场报价从而能够可靠计量）。同时，企业应当考虑该风险成分是合同明确的风险成分，还是非合同明确的风险成分。非合同明确的风险成分存在于两种情况：①不构成合同的项目（例如极可能发生的预期交易）；②未明确该风险成分的合同（例如确定承诺中仅包含一项单一价格，并未列明基于不同基础变量的定价公式）。

【例10】甲公司与乙公司订立了一项以合同指定公式进行定价的长期天然气供应合同，该公式主要参考商品价格（例如柴油）和其他因素（例如运输费）对长期天然气进行定价。为了管理长期天然气供应合同涉及的长期天然气价格风险，甲公司利用柴油远期合同对该供应合同定价中的柴油价格风险进行套期。由于该供应合同的条款和条件对柴油组成部分作出了明确规定，因而柴油价格风险引起的公允价值变动部分属于合同明确的风险成分。

根据长期天然气供应合同定价公式，该风险成分能够单独识别；同时，市场上存在可交易的柴油远期合同，该风险成分能够可靠计量。因此，甲公司的长期天然气供应合同定价中的柴油价格风险引起的公允价值变动部分可以作为符合条件的风险成分，被指定为被套期项目。

【例11】甲公司为一家航空公司，为了管理其所消耗的航空燃油价格风险，对未来拟购买的部分航空燃油进行套期。

甲公司基于进行套期的时间跨度（时间跨度会影响衍生工具的市场流动性），使用了不同类型的套期工具对未来拟购买的航空燃油价格变动风险敞口进行套期。其中，对于较长的时间跨度（12个月至24个月），甲公司使用原油期货合同进行套期，因为只有此类原油期货合同才具有充分的市场流动性；对于6个月至12个月的时间跨度，甲公司使用具有充分流动性的柴油期货合同进行套期；对于6个月以下的时间跨度，甲公司则使用航空燃油期货合同进行套期。

本例中，尽管甲公司没有任何合同安排对航空燃油中的原油和柴油成分作出明确规定，但甲公司仍可得出结论认为，其购买航空燃油的价格风险包括原油价格风险成分和柴油价格风险成分，这两项风险成分属于非合同明确的风险成分，并且这两项风险成分能够单独识别并可靠计量。因此，甲公司可以将这两项风险成分指定为被套期项目。

【例12】甲公司持有一项固定利率债务工具，该债务工具与基准利率（例如SHIBOR）相比较确定其价差，进而确定其票面利率，因此该债务工具的价格直接随着基准利率的变动而变化。

本例中，甲公司所持有的固定利率债务工具中基准利率的利率风险引起的公允价值变动部分是能够单独识别和可靠计量的风险成分。因此，甲公司可将该风险成分指定为被套期项目。

在企业风险管理活动中，有时企业只对被套期项目的单边风险进行套期，即对被套期项目公允价值或现金流量变动中仅高于或仅低于特定价格或其他变量的部分进行套期。按照本准则规定，该套期的部分风险也可被视为风险成分，可以被指定为被套期项目。例如，某企业预期将购买一批商品，为了管理该批商品未来价格上涨风险，企业可以将因该批商品未来价格上涨而导致的未来现金流量变动风险指定为被套期项目。在这种情况下，企业仅对商品高于特定价格所导致的现金流量损失部分进行指定。企业在风险管理活动中，通常会使用期权作为套期工具进行单边风险的套期。一项购入期权的内在价值，而非时间价值，反映的就是被套期项目的单边风险。

通货膨胀风险一般无法单独识别和可靠计量，因此不能被指定为金融工具的风险成分，除非该通货膨胀风险是合同明确的。但是，在个别情况下，由于通货膨胀环境和相关债务市场的特定因素，企业有可能可以把能够单独识别和可靠计量的通货膨胀风险指定为金融工具的风险成分。例如，企业在某市场环境中发行债券，通货膨胀挂钩债券的交易量和完整的利率期限结构使得该债券市场是一个具有充分流动性的市场，从而能够构造一个零息债券真实利率期限结构。这意味着对相应的货币而言，通货膨胀是市场应予以单独考虑的一项相关因素。在这种情况下，可通过使用零息债券真实利率期限结构将被套期债务工具的现金流量进行折现，来确定通货膨胀风险成分（即类似于无风险利率组成部分的确定方式）。反之，在大多数情况下，通货膨胀风险成分无法单独识别和可靠计量。例如，企业发行仅具有名义利率的债券，而在发行该债券的市场中，通货膨胀挂钩债券的流动性不足以构造零息债券真实利率期限结构。在这种情况下，对市场结构以及相关事实和情况的分析将无法得出通货膨胀是市场予以单独考虑的因素的结论，因此，通货膨胀风险成分不符合指定为被套期项目的条件。在实务中，无论企业实际上使用何种通货膨胀套期工具，上述结论均适用。需要强调的是，已确认的通货膨胀挂钩债券的现金流量中属于合同列明的通货膨胀风险成分（假定不要求对嵌入衍生工具进行单独会计处理）的，该通货膨胀风险能够单独识别和可靠计量，但前提是该工具的其他现金流量不会受到通货膨胀风险成分的影响。

（2）一项或多项选定的合同现金流量。

在企业风险管理活动中，企业有时会对一项或多项选定的合同现金流量进行套期。例如，企业有一笔期限为10年、年利率8%、按年付息的长期银行借款，企业出于风险管理需要，对该笔借款所产生的前5年应支付利息进行套期。按照本准则规定，一项或多项选定的合同现金流量可以被指定为被套期项目。

（3）项目名义金额的组成部分。

项目名义金额的组成部分，是指项目整体金额或数量的特定部分，其可以是项目整体的一定比例部分，也可以是项目整体的某一层级部分。不同的组成部分类型产生不同的会计处理结果。因此，企业在指定名义金额组成部分时应当与其风险管理目标保持一致。

项目名义金额的组成部分包括项目整体的一定比例部分（如一项贷款的合同现金流量的50%部分）和项目整体的某一层级部分。其中，项目某一层级部分可以从已设定但开放式的总体中指定一个层级，也可以从已设定的名义金额中指定一个层级。例如，下列各项均属于项目某一层级部分：

①货币性交易量的一部分。例如，甲公司2×17年1月实现首笔20万美元的出口销售之后，下一笔金额为20万美元的出口销售所产生的现金流量，可以作为指定的被套期项目。

②实物数量的一部分。例如，甲公司储藏在某地的500万立方米的底层天然气，可以作为指定的被套期项目。

③实物或其他交易量的一部分。例如,甲炼化公司2×17年6月购入的前1 000桶石油,乙发电企业2×17年6月售出的前100兆瓦小时的电力等,均可以作为指定的被套期项目。

④被套期项目的名义金额的某一层。例如,金额为1亿元的确定承诺的最后8 000万元部分;金额为1亿元的固定利率债券的底层2 000万元部分;可按公允价值提前偿付的总金额为1亿元(设定的名义金额为1亿元)的固定利率债务的顶层3 000万元部分。

如果某一层级部分在公允价值套期中被指定为被套期项目,则企业应从设定的名义金额中对其进行指定。企业应根据公允价值变动重新计量被套期项目(即根据归属于被套期风险的公允价值变动重新计量相关项目),以满足公允价值套期的要求。公允价值套期调整必须在损益中确认,且确认时间不得迟于该项目终止确认的时点。因此,企业应当对所设定的名义金额进行跟踪。例如,必须对上述设定的总名义金额1亿元的固定利率债券进行跟踪,以跟踪底层的2 000万元或顶层的3 000万元部分。

如果项目整体的某一层级部分包含提前还款权,且该提前还款权的公允价值受被套期风险变化影响的,企业不得将该层级指定为公允价值套期的被套期项目,但企业在计量被套期项目的公允价值时已包含该提前还款权影响的情况除外。

【例13】甲公司向乙银行申请了一笔本金为100万元人民币、期限为5年的贷款,该贷款允许债务人于每年年末最多偿还本金10万元,即贷款本金中的40万元可以提前偿还(分别在贷款第1年至第4年年末偿还),而贷款本金中的60万元则不可提前偿还且具有5年的固定期限。由于该60万元属于固定期限债务、不可提前偿还,且其公允价值不包含提前还款选择权的影响(即该层组成部分不包含提前还款选择权),因此,甲公司可将此项金额的某一层组成部分指定为被套期项目。但是,与可提前还款的40万元相关的公允价值变动则包含提前还款选择权（其公允价值受利率变动风险的影响），因此，40万元的该层组成部分无法成为符合条件的项目组成部分，不能作为被套期项目，除非甲公司在确定被套期项目的公允价值变动时已包含相关提前还款选择权的影响。

3. 汇总风险敞口作为被套期项目的规定和要求。

本准则规定，企业可以将符合被套期项目条件的风险敞口与衍生工具组合形成的汇总风险敞口指定为被套期项目。在指定此类被套期项目时，企业应当评估该汇总风险敞口是否是由风险敞口与衍生工具相结合，从而产生了不同于该风险敞口的另一个风险敞口，并将其作为针对某项（或几项）特定风险的一个风险敞口进行管理。在这种情况下，企业可基于该汇总风险敞口指定被套期项目。

【例14】甲公司的记账本位币为人民币，利用合同期限为15个月的咖啡期货合同对在未来15个月后极可能发生的确定数量的咖啡采购进行套期，以管理其价格风险（基于美元的）。该极可能发生的咖啡采购和咖啡期货合同的组合可被视为一项15个月后固定金额的美元外汇风险敞口（汇总风险敞口）。

【例15】甲公司的记账本位币为人民币，有一笔10年期的固定利率美元债务，甲公司拟对该笔美元债务在整个债务期间的外汇风险进行套期。同时，甲公司的利率风险管理策略是仅需要锁定其人民币的中短期（例如，2年）利率风险敞口，剩余期间其人民币的风险敞口为浮动利率。即甲公司在每2年年末（即每2年滚动一次）锁定未来2年的利率风险敞口。甲公司签订了一项10年期的固定利率换取浮动利率的交叉货币利率互换合同，将固定利率的美元债务转换为浮动利率的人民币债务。

本例中，甲公司出于利率风险管理目的，可以将其固定利率美元债务和10年期的固定利率换取浮动利率的交叉货币利率互换合同相结合作为一项基于人民币的10年期浮动利率汇总风险敞口。同时，甲公司可以签订一项基于人民币的 2 年期利率互换合同，将未来 2 年的浮动利率债务转换为固定利率债务，对此汇总风险敞口进行套期。

企业基于汇总风险敞口指定被套期项目时，应当在评估套期有效性和计量套期无效部分时考虑构成该汇总风险敞口的所有项目的综合影响。但是，构成该汇总风险敞口的项目仍须单独进行会计处理，具体要求如下：

（1）作为汇总风险敞口组成部分的衍生工具应当单独确认为以公允价值计量的资产或负债；

（2）如果在构成汇总风险敞口的各项目之间指定套期关系，则衍生工具作为汇总风险敞口组成部分的方式应当与该衍生工具在此汇总风险敞口层面上被指定为套期工具的方式保持一致。例如，对于构成汇总风险敞口的各项目之间的套期关系，如果企业在指定套期工具时将衍生工具的远期要素排除在外，则企业在将该衍生工具作为汇总风险敞口的组成部分指定为被套期项目时也应当将远期要素予以排除。

4. 项目组成部分与项目总现金流量之间的关系。

当金融项目或非金融项目的现金流量的组成部分被指定为被套期项目时，该组成部分应当少于或等于整个项目的现金流量总额。但是，整个项目的所有现金流量可以被指定为被套期项目，而且被套期的只能是某一特定风险（如一项基准利率或者基准商品价格变动所形成的变动风险）。

【例 16】甲公司发行了一笔固定利率债券，该债券利率以 SHIBOR 4.20% 减去 20 个基点为基础确定，即 4.00%。在本例中，甲公司不能将该债券等于 SHIBOR 的利息部分（即 4.20%）指定为被套期项目，因为该金额大于债券的合同现金流量总额。但是甲公司可以将该债券的所有合同现金流量指定为被套期项目，并明确这些被套期的现金流量是可归属于 SHIBOR 的变动部分。

企业在初始确认一项固定利率资产或负债后对其进行公允价值套期的,如果基准利率高于该资产或负债所收到或支付的合同固定利率,本准则允许企业将等于基准利率部分的现金流量指定为被套期项目,但其前提是该基准利率应当低于如同企业在首次指定被套期项目日购入或发行该工具所重新计算的该资产或负债的实际利率。

【例 17】甲公司购入一项面值为 100 万元、年实际利率为 6% 的固定利率金融资产,当时的 SHIBOR 为 4%。经过一段时间后,SHIBOR 上升至 8%,该项金融资产的公允价值跌至 90 万元,此时,甲公司开始对该项金融资产进行套期。甲公司计算出若其在首次将相关 SHIBOR 风险指定为被套期项目的当日购入该金融资产,基于当时公允价值 90 万元确定该金融资产的实际收益率为 9.5%。由于指定日的 SHIBOR(8%)低于该实际收益率(9.5%),甲公司可对等于基准利率 SHIBOR(8%)的现金流量组成部分进行指定,该组成部分包含该固定利率金融资产的合同利息现金流量(6%)以及该金融资产当日公允价值(90 万元)与到期应付金额(100 万元)之间的差额的一部分。

【例 18】甲公司有一项浮动利率金融负债并按 3 个月期 SHIBOR 减 20 个基点的利率(利率下限为零)计息。在该负债的剩余存续期内,只要 3 个月期 SHIBOR 的远期利率不低于 20 个基点,则该负债的现金流量变动将等于 3 个月期 SHIBOR 引起的现金流量变动。但是,在该负债的剩余存续期内,如果 3 个月期 SHIBOR 的远期利率低于 20 个基点,则该负债的现金流量变动将低于 3 个月期 SHIBOR 引起的现金流量变动。

因此,甲公司只可将由 SHIBOR 变动引起的负债整体的现金流量变动,即按 3 个月期 SHIBOR 减 20 个基点的利率(考虑利率下限)计算的负债整体的现金流量变动(而非 3 个月期 SHIBOR 引起的负债现金流量变动），指定为被套期项目。

【例19】 甲公司产于某特定油田的特定类型的原油基于相关基准原油进行定价。甲公司在销售合同中对该原油每桶定价为：（基准原油价格－10美元）/桶，但底价不低于15美元/桶。只要针对每次交易的远期价格不低于25美元/桶，则由基准原油价格变动引起的销售合同整体现金流量变动将等于基准原油价格引起的现金流量变动。但是，针对某次交易的远期价格如果低于25美元/桶，则由基准原油价格变动引起的销售合同整体现金流量变动将低于基准原油价格变动引起的现金流量变动。

因此，甲公司只可将由基准原油价格变动引起的该销售合同整体现金流量变动指定为被套期项目，而不能对基准原油价格变动引起的现金流量变动作为组成部分进行指定。

5. 被套期项目的组合。

当企业出于风险管理目的对一组项目进行组合管理，且组合中的每一个项目（包括其组成部分）单独都属于符合条件的被套期项目时，可以将该项目组合指定为被套期项目。一组风险相互抵销的项目形成风险净敞口，一组风险不存在相互抵销的项目形成风险总敞口。只有当企业出于风险管理目的以净额为基础进行套期时，风险净敞口才符合运用套期会计的条件。判断企业是否以净额为基础进行套期应当基于事实，而不仅仅是声明或文件记录。因此，如果仅仅为了达到特定的会计结果却无法反映企业的风险管理策略和风险管理目标，企业不得运用以净额为基础的套期会计。净敞口套期必须是既定风险管理策略的组成部分，通常应当获得企业关键管理人员的批准。

当企业将形成风险净敞口的一组项目指定为被套期项目时，应当将构成该净敞口的所有项目的项目组合整体指定为被套期项目，不应当将不明确的净敞口抽象金额指定为被套期项目。例如，某公司拥有一组在9个月后履约的金额为100万美元的确定销售承诺，以及一组在18个月后履约的金额为120万美元的确定购买承诺。在这种情况下，该公司不能将一个最大金额为20万美元的抽象金额的净头寸进行指定，而必须对形成该被套期净头寸的购买总额和销售总额进行指定。

风险净敞口并非在任何情况下都符合运用套期会计的条件。在现金流量套期中，企业仅可以将外汇风险净敞口指定为被套期项目，并且应当在套期指定中明确预期交易预计影响损益的报告期间，以及预期交易的性质和数量。

企业根据其风险管理目标，可以将一组项目的一定比例或某一层级指定为被套期项目。当企业将一组项目的某一层级部分指定为被套期项目时，应当同时满足以下条件：

（1）该层级能够单独识别并可靠计量。

（2）企业的风险管理目标是对该层级进行套期。

（3）该层级所在的整体项目组合中的所有项目均面临相同的被套期风险。

（4）对于已经存在的项目（如已确认资产或负债、尚未确认的确定承诺）进行的套期，被套期层级所在的整体项目组合可识别并可追踪。

（5）该层级包含提前还款权的，应当符合本准则第九条项目名义金额的组成部分中的相关要求。

【例20】甲公司拥有一个在同一个月发行的固定利率、分期还款的人民币贷款投资组合，但不可提前还款。该投资组合中的各项贷款遵循相同的分期还款时间表，且甲公司能够识别每一项贷款的合同现金流量的发生时间。该投资组合中所有贷款的名义金额之和为10亿元，甲公司的风险管理目标是对相当于该组贷款总额中底层名义金额2.5亿元部分的利率风险进行套期。为此，甲公司可以从该组贷款中识别出指定为被套期项目的2.5亿元底层贷款部分。

五、关于套期关系评估

（一）运用套期会计的条件

公允价值套期、现金流量套期或境外经营净投资套期同时满足下列条件的，才能运用本准则规定的套期会计方法进行处理：

第一，套期关系仅由符合条件的套期工具和被套期项目组成。

第二，在套期开始时，企业正式指定了套期工具和被套期项目，并准备了关于套期关系和企业从事套期的风险管理策略和风险管理目标的书面文件。该文件至少载明了套期工具、被套期项目、被套期风险的性质以及套期有效性评估方法（包括套期无效部分产生的原因分析以及套期比率确定方法）等内容。

第三，套期关系符合套期有效性要求。套期有效性，是指套期工具的公允价值或现金流量变动能够抵销被套期风险引起的被套期项目公允价值或现金流量变动的程度。套期工具的公允价值或现金流量变动大于或小于被套期项目的公允价值或现金流量变动的部分为套期无效部分。

1. 风险管理策略和风险管理目标。

按照本准则规定，企业应当区分风险管理策略和风险管理目标。风险管理策略由企业风险管理最高决策机构制定，一般在企业有关纲领性文件中阐述，并通过含有具体指引的政策性文件在企业范围内贯彻落实。风险管理策略通常应当识别企业面临的各类风险并明确企业如何应对这些风险，风险管理策略一般适用于较长时期的风险管理活动，并且包含一定的灵活性以适应策略实施期间内环境的变化（例如，不同利率或商品价格水平导致不同程度的套期）。而风险管理目标是指企业在某一特定套期关系层面上，确定如何指定套期工具和被套期项目,以及如何运用指定的套期工具对指定为被套期项目的特定风险敞口进行套期。因此,风险管理策略可以涵盖许多不同的套期关系,而这些套期关系的风险管理目标旨在落实整体的风险管理策略。

【例21】甲公司制定了管理债务融资利率风险敞口的策略,该策略规定甲公司将维持20%～40%的固定利率债务。甲公司根据市场利率水平决定如何执行该风险管理策略,即其固定利率债务风险敞口将锁定在20%～40%范围内的某一位置。在市场利率较低时,与利率较高时相比,甲公司将选择维持更大比例的固定利率债务。在这种情况下,甲公司风险管理策略本身保持不变,但是根据市场利率变化对风险管理策略的执行发生了改变,即风险管理目标发生了变化(被套期的利率敞口发生变化)。

2. 套期有效性要求。

套期同时满足下列条件的,企业应当认定套期关系符合套期有效性要求:

(1) 被套期项目和套期工具之间存在经济关系。该经济关系使得套期工具和被套期项目的价值因面临相同的被套期风险而发生方向相反的变动。

如果被套期项目和套期工具之间存在经济关系,则套期工具的价值与被套期项目的价值预期将产生系统性变动,以反映同一基础变量或一组因采用类似的方式来应对被套期风险而存在经济关系的基础变量(例如布伦特原油和西德克萨斯中质原油等)产生的变动。

如果基础变量不同但在经济上相关,则有可能发生套期工具的价值和被套期项目的价值呈同向变动的情况,例如,两个相关的基础变量之间的价差产生了变动,而这两个基础变量本身却未发生显著变动。即便如此,当基础变量发生变动的同时,套期工具的价值与被套期项目的价值预期在通常情况下仍将沿着相反方向变动的,套期工具与被套期项目之间仍然存在经济关系。

当对净头寸进行套期时，企业应当考虑净头寸中各项目的价值变动以及套期工具的公允价值变动。例如，甲公司为境内企业，记账本位币为人民币，拥有一组在9个月后履约的金额为100万美元的确定销售承诺，以及一组在18个月后履约的金额为120万美元的确定购买承诺。甲公司可利用未来购入金额为20万美元的外汇远期合同对其未来需支付20万美元的净头寸的外汇风险进行套期。在确定该套期关系是否符合套期有效性的要求时，企业应当考虑下列两者之间的关系：①外汇远期合同的公允价值变动及确定销售承诺与外汇风险相关的价值变动；②确定购买承诺与外汇风险相关的价值变动。

与此类似，如果在上述例子中企业持有一个净头寸为零的组合，则企业在确定该套期关系是否符合套期有效性的要求时，应当考虑确定销售承诺与外汇风险相关的价值变动和确定购买承诺与外汇风险相关的价值变动之间的关系。

（2）被套期项目和套期工具经济关系产生的价值变动中，信用风险的影响不占主导地位。

由于套期会计方法建立在套期工具和被套期项目所产生的利得和损失能够相互抵销这一基本概念之上，因此套期有效性不仅取决于套期工具和被套期项目之间的经济关系，还取决于信用风险对套期工具和被套期项目价值的影响。信用风险的影响意味着，即使套期工具与被套期项目之间存在经济关系，两者之间相互抵销的程度仍可能变得不规律。这可能是由于套期工具或被套期项目的信用风险的变化所致，而且此类信用风险的变化可能会达到一定程度，使信用风险将主导价值变动。例如，企业使用无担保的衍生工具对商品价格风险敞口进行套期。如果该衍生工具交易对手方的信用状况严重恶化，则与商品价格的变动相比，该交易对手方信用状况的变化对套期工具公允价值所产生的影响可能更大，而被套期项目的价值变动则主要取决于商品价格的变动。

如果由信用风险引起的损失或利得将干扰基础变量的变动对套期工具或被套期项目价值的影响，则信用风险的变化程度导致了信用风险在价值变动中起主导作用。反之，如果基础变量在特定期间内发生很小的变动，即使与信用风险相关的很小的价值变动可能会超过基础变量变动所引起的价值变动，信用风险的变化也未必形成主导作用。

（3）套期关系的套期比率，应当等于企业实际套期的被套期项目数量与对其进行套期的套期工具实际数量之比。

被套期项目和套期工具的数量可根据其性质采用多种方式进行计量。作为一般原则，套期关系的套期比率应当与从风险管理角度而设定的套期比率相同。在某些情况下，套期比率可能为1∶1，因为被套期项目的关键条款将与套期工具的关键条款相匹配；然而在实务中的很多情况下，由于多种原因，实际套期比率可能并非1∶1。如果企业对某一项目不足100%的风险敞口（例如，85%）进行套期，则其用来指定套期关系的套期比率应当与上述85%的风险敞口以及企业用于对上述85%的风险敞口进行套期的套期工具实际数量所形成的套期比率相一致。与此类似，如果企业使用名义金额为40个单位的金融工具对某个风险敞口进行套期，则其用来指定套期关系的套期比率应当与上述40个单位（即企业不能使用其所持有的总数中更多的数量单位或更少的数量单位来确定套期比率），以及实际被套期项目的数量所形成的套期比率相一致。

套期比率不应当反映被套期项目和套期工具相对权重的失衡，这种失衡会导致套期无效，并可能产生与套期会计目标不一致的会计结果。因此，在指定套期关系时，企业必须调整由其实际使用的被套期项目数量和套期工具数量形成的套期比率，以避免这种失衡。

如果被套期项目和套期工具的特定权重将导致套期无效部分，企业应当确定该套期无效部分是否具有商业理由。例如，企业使用标准咖啡期货合同对100吨咖啡采购进行套期，每份期货合同的标准数量为37 500磅（1磅＝0.4536千克）。企业只能使用5份或6份合同（分别相当于85.0吨和102.1吨）对100吨的咖啡采购进行套期。在这种情况下，企业应当采用由其实际使用的咖啡期货合同数量形成的套期比率来指定套期关系，因为由被套期项目和套期工具的权重不匹配导致的套期无效部分不会产生与套期会计目标不一致的会计结果。

企业不得为避免确认现金流量套期的无效部分而改变现金流量套期比率，也不得为创造更多的被套期项目公允价值调整而改变公允价值套期比率。这种会计结果不符合套期会计的目标。

3. 套期有效性评价方法。

企业应当在套期开始日及以后期间持续地对套期关系是否符合套期有效性要求进行评估，尤其应当分析在套期剩余期限内预期将影响套期关系的套期无效部分产生的原因。企业至少应当在资产负债表日及相关情形发生重大变化将影响套期有效性要求时对套期关系进行评估。

一般情况下，套期工具和被套期项目的公允价值或现金流量变动难以实现完全抵销，因而会出现套期无效部分。套期工具的公允价值或现金流量变动大于或小于被套期项目的公允价值或现金流量变动的部分为套期无效部分。在计量套期无效部分时，企业应当考虑货币的时间价值。套期无效部分的形成源于多方面的因素。这些因素通常包括：①套期工具和被套期项目以不同的货币表示；②套期工具和被套期项目有不同的到期期限；③套期工具和被套期项目内含不同的利率或权益指数变量；④套期工具和被套期项目使用不同市场的商品价格标价；⑤套期工具和被套期项目对应不同的交易对手；⑥套期工具在套期开始时的公允价值不等于零等。

为计算被套期项目的价值变动，企业可使用其条款与被套期项目的主要条款相匹配的衍生工具（通常称为"虚拟衍生工具"）。在使用虚拟衍生工具估计被套期项目的价值时，不能使用仅存在于套期工具中而被套期项目不具备的特征。例如，对于以外币计价的债务（无论固定利率还是浮动利率），企业在使用虚拟衍生工具计算该债务的价值变动或其现金流量累计变动的现值时，即便实际的衍生工具的不同货币汇兑可能包括汇兑费用，虚拟衍生工具也不能简单地直接反映这种费用，因为被套期项目中可能不包含这项费用。

在评估被套期项目和套期工具之间是否存在经济关系时，企业可以采用定性或定量的方法。如果套期工具和被套期项目的主要条款（例如名义金额、到期期限和基础变量）均匹配或大致相符，企业可以根据此类主要条款进行定性评估。如果套期工具和被套期项目的主要条款并非基本匹配，企业可能需要进行定量评估（例如通过比较被套期风险引起的套期工具和被套期项目公允价值或现金流量变动的比率，或通过采用回归分析方法分析套期工具和被套期项目价值变动的相关性），但两个变量之间仅仅存在某种统计相关性的事实本身不足以有效证明套期工具与被套期项目之间存在经济关系。

企业的风险管理策略是评估套期关系是否符合套期有效性要求的主要信息来源。这意味着，用于决策目的的管理分析信息可作为评估套期关系是否符合套期有效性要求的依据。因此，套期有效性评价方法应当与企业的风险管理策略相吻合，并在套期开始时就在风险管理有关的正式文件中详细加以说明。如果相关情况发生变化从而影响套期有效性，企业可能需要改变评估套期关系是否符合套期有效性要求的方法，以确保该评估仍能够考虑套期关系的相关特征（包括套期无效部分的来源）。当评估套期有效性的方法发生改变时，应当对套期关系书面文件作相应更新。

（二）套期关系再平衡

套期关系由于套期比率的原因而不再符合套期有效性要求，但指定该套期关系的风险管理目标没有改变的，企业应当进行套期关系再平衡。

本准则所称套期关系再平衡，是指对已经存在的套期关系中被套期项目或套期工具的数量进行调整，以使套期比率重新符合套期有效性要求。基于其他目的对被套期项目或套期工具所指定的数量进行变动，例如仅对特定风险敞口更多或更少的数量进行套期以符合企业的风险管理策略，不构成本准则所称的套期关系再平衡。

调整套期比率使得企业可以应对由于基础变量或风险变量而引起的套期工具和被套期项目之间关系的变动。例如，当套期关系中的套期工具和被套期项目具有不同但是相关的基础变量（如不同但相关的指数、比率或价格）时，套期关系会随着这两个基础变量之间关系的变动而发生变化。当套期工具和被套期项目之间关系发生的变动能通过调整套期比率得以弥补时，再平衡将可以使得套期关系得到延续。但是，在套期工具与被套期项目之间的关系变动不能通过调整套期比率来弥补的情况下，再平衡并不能促使套期关系得到延续。

【例22】甲公司运用参考外币B的外币衍生工具对外币A的风险敞口进行套期，而外币A和外币B之间的汇率是挂钩的（即其汇率由中央银行或其他监管机构设定或者保持在某一区间）。如果外币A与外币B的汇率发生了变动（即设定了一个新区间或汇率），则再平衡套期关系以反映新汇率，可确保套期关系在新情况下的套期比率继续满足套期有效性的要求。但是，如果外币衍生工具发生违约，则更改套期比率并不能确保套期关系能够继续满足套期有效性的要求。

并非所有套期工具的公允价值变动和被套期项目的公允价值或现金流量变动之间抵销程度的变化，均会导致套期工具与被套期项目之间的套期关系的变化。企业应当分析预期将在存续期内影响套期关系的套期无效部分的来源，并评估抵销程度的变化属于下列哪一种情形：

1. 抵销程度的变化属于围绕套期比率的正常波动（即能够继续适当反映套期工具与被套期项目之间的关系）；

2. 抵销程度的变化表明套期比率不再能够恰当反映套期工具与被套期项目之间的关系。

为应对每一特定结果而调整套期比率的做法，并不能减少围绕某个固定套期比率的上下波动及由此产生的套期无效部分。在该情况下，只需对套期无效部分进行确认和计量，而无需作出再平衡。

与此相反，如果抵销程度的变化表明该波动围绕着一个套期比率，而该套期比率不同于当前针对该套期关系所使用的套期比率，或存在偏离目前采用的套期比率的趋势，企业可以通过调整套期比率来降低套期无效部分，而保留原套期比率将显著增加套期的无效部分。在该情况下，企业必须评价套期关系是否反映出被套期项目与套期工具之间权重的失衡，这种失衡可能产生套期无效（无论确认与否），并可能产生与套期会计目标不一致的会计结果。如果套期比率被调整，则会同时影响套期无效部分的确认和计量。

通常，再平衡中对被套期项目或套期工具数量的调整应当反映企业实际使用的套期工具和被套期项目的数量调整。但是，如果出现下列情况，则企业必须调整根据实际使用的被套期项目或套期工具的数量而得出的套期比率：

1. 由企业的套期工具或被套期项目的实际数量变动所产生的套期比率反映出某种失衡，这种失衡可能导致套期无效，并可能产生与套期会计目标不一致的会计结果；

2. 企业维持套期工具和被套期项目的实际数量而得出的套期比率在新的情况下反映出某种失衡，这种失衡可能导致套期无效，并可能产生与套期会计目标不一致的会计结果。

企业对套期关系作出再平衡，可以通过增加或减少被套期项目或套期工具数量的方式调整套期比率。但是，数量的减少并不一定意味着那些项目或交易不再存在，或预计不再发生，而是表明其不再是套期关系的一部分。例如，企业减少套期工具的数量，但仍然保留某项衍生工具，该衍生工具仅有一部分将继续作为套期关系中的套期工具。

（三）套期关系的终止

企业不得撤销指定并终止一项继续满足套期风险管理目标并在再平衡之后继续符合套期会计条件的套期关系。但是，如果套期关系不再满足套期风险管理目标或在再平衡之后不符合套期会计条件等本准则规定情形的，则企业必须终止套期关系。

企业应当采用未来适用法，自不再满足套期会计条件或风险管理目标之日起终止运用套期会计。

当只有部分套期关系不再满足运用套期会计的条件时，套期关系将部分终止，其余部分将继续适用套期会计。例如，当对套期关系作出再平衡时，对套期比率进行的调整可能使得部分被套期项目的数量不再构成套期关系的一部分。因此，仅针对不再构成套期关系一部分的被套期项目的数量终止运用套期会计；或者当作为被套期项目的预期交易的部分数量不再极可能发生时，仅对不再极可能发生的被套期项目的数量终止运用套期会计。然而，如果企业曾将预期交易指定为被套期项目，并在后续期间确定该预期交易预计不再会发生，则企业在预测类似的预期交易时，其准确预测预期交易的能力将受到质疑，这将影响对于类似的预期交易是否极可能发生的评估，并进而影响到这些类似的预期交易是否符合被套期项目的评估。

企业发生下列情形之一的，应当终止运用套期会计（包括部分终止运用套期会计和整体终止运用套期会计）：

1. 因风险管理目标发生变化，导致套期关系不再满足风险管理目标。

【例23】假定甲公司共发行有1亿元的浮动利率债券，公司的风险管理策略是在其债务总额中需要维持20%～40%的固定利率债务。为此，公司在债券发行之初，选择了对其中4 000万元的浮动利率债券进行套期，通过互换合同将其转换为固定利率债券。此后，由于市场利率走低，公司管理层决定调低固定利率债务占比至20%。在此情况下，公司风险管理目标发生了变化，公司将原被套期的4 000万元浮动利率债券中的2 000万元终止运用套期会计。

2. 套期工具已到期、被出售、合同终止或已行使。在套期工具已到期、被出售、合同终止或已行使的情况下，套期关系或其一部分不再满足套期会计的条件，因此应当相应终止运用套期会计。

需要说明的是，根据本准则的规定，企业发生下列情形之一的，不作为套期工具已到期或合同终止处理：

（1）套期工具展期或被另一项套期工具替换，而且该展期或替换是企业书面文件所载明的风险管理目标的组成部分。

（2）由于法律法规或其他相关规定的要求，套期工具的原交易对手方变更为一个或多个清算交易对手方（例如清算机构或其他主体），以最终达成由同一中央交易对手方进行清算的目的。如果存在套期工具其他变更的，该变更应当仅限于替换交易对手方所必须的变更。在将原交易对手方更换为清算交易对手方并确认相应变更的影响时，应当将该影响反映在套期工具的计量中，进而纳入对套期有效性的评估和计量。

例如，对于套期关系中被指定为套期工具的衍生工具，由于新的法律法规要求变更为中央交易对手方，且该变更仅涉及替换交易对手方所必须的变更，则企业应当将原有衍生工具终止确认，并新确认变更交易对手方后的衍生工具，但是变更前的套期关系将作为持续的套期关系进行会计处理，企业无需对套期关系终止运用套期会计。

3. 被套期项目与套期工具之间不再存在经济关系，或者被套期项目和套期工具经济关系产生的价值变动中，信用风险的影响开始占主导地位。

4. 套期关系不再满足本准则所规定的运用套期会计方法的其他条件。例如，套期工具或被套期项目不再符合条件。在适用套期关系再平衡的情况下，企业应当首先考虑套期关系再平衡，然后评估套期关系是否满足本准则所规定的运用套期会计方法的条件。

当部分或整体终止运用套期会计时，企业可以对原套期关系中套期工具或被套期项目指定新的套期关系，这种情况并不构成套期关系的延续，而是重新开始一项套期关系。例如，某一套期工具出现严重信用恶化，企业以新的套期工具将其取代，这意味着原套期关系未能实现风险管理目标，因此被整体终止。新的套期工具被指定为对先前被套期的相同风险敞口进行的套期，并形成新的套期关系。在这种情况下，被套期项目的公允价值或现金流量变动的计量起始日应当是新套期关系的指定日，而非原套期关系的指定日。

六、关于确认和计量

（一）公允价值套期

1. 公允价值套期会计处理原则。

本准则规定，公允价值套期满足运用套期会计方法条件的，应当按照下列规定处理：

（1）套期工具产生的利得或损失应当计入当期损益。如果套期工具是对选择以公允价值计量且其变动计入其他综合收益的非交易性权益工具投资（或其组成部分）进行套期的，套期工具产生的利得或损失应当计入其他综合收益。

（2）被套期项目因被套期风险敞口形成的利得或损失应当计入当期损益，同时调整未以公允价值计量的已确认被套期项目的账面价值。被套期项目为按照《企业会计准则第22号——金融工具确认和计量》第十八条分类为以公允价值计量且其变动计入其他综合收益的金融资产（或其组成部分）的，其因被套期风险敞口形成的利得或损失应当计入当期损益，其账面价值已经按公允价值计量，不需要调整；被套期项目为企业选择以公允价值计量且其变动计入其他综合收益的非交易性权益工具投资（或其组成部分）的，其因被套期风险敞口形成的利得或损失应当计入其他综合收益，其账面价值已经按公允价值计量，不需要调整。

需要说明的是，被套期项目为尚未确认的确定承诺（或其组成部分）的，其在套期关系指定后因被套期风险引起的公允价值累计变动额应当确认为一项资产或负债，相关的利得或损失应当计入各相关期间损益。当履行确定承诺而取得资产或承担负债时，应当调整该资产或负债的初始确认金额，以包括已确认的被套期项目的公允价值累计变动额。

公允价值套期中,被套期项目为以摊余成本计量的金融工具(或其组成部分)的,企业对被套期项目账面价值所作的调整应当按照开始摊销日重新计算的实际利率进行摊销,并计入当期损益。该摊销可以自调整日开始,但不应当晚于对被套期项目终止进行套期利得和损失调整的时点。被套期项目为按照《企业会计准则第22号——金融工具确认和计量》第十八条分类为以公允价值计量且其变动计入其他综合收益的金融资产(或其组成部分)的,企业应当按照相同的方式对累计已确认的套期利得或损失进行摊销,并计入当期损益,但不调整金融资产(或其组成部分)的账面价值。

2. 公允价值套期会计处理举例。

【例24】2×17年1月1日,甲公司为规避所持有铜存货公允价值变动风险,与某金融机构签订了一项铜期货合同,并将其指定为对2×17年前两个月铜存货的商品价格变化引起的公允价值变动风险的套期工具。铜期货合同的标的资产与被套期项目铜存货在数量、质次和产地方面相同。假设不考虑期货市场中每日无负债结算制度的影响。

2×17年1月1日,铜期货合同的公允价值为0,被套期项目(铜存货)的账面价值和成本均为1 000 000元,公允价值为1 100 000元。2×17年1月31日,铜期货合同公允价值上涨了25 000元,铜存货的公允价值下降了25 000元。2×17年2月28日,铜期货合同公允价值下降了15 000元,铜存货的公允价值上升了15 000元。当日,甲公司将铜存货以1 090 000元的价格出售,并将铜期货合同结算。

甲公司通过分析发现,铜存货与铜期货合同存在经济关系,且经济关系产生的价值变动中信用风险不占主导地位,套期比率也反映了套期的实际数量,符合套期有效性要求。

假定不考虑商品销售相关的增值税及其他因素,甲公司的账务处理如下：

(1) 2×17年1月1日，指定铜存货为被套期项目：

借：被套期项目——库存商品铜　　　　　　1 000 000
　　贷：库存商品——铜　　　　　　　　　　　　　1 000 000

2×17年1月1日，被指定为套期工具的铜期货合同的公允价值为0，不作账务处理。

(2) 2×17年1月31日，确认套期工具和被套期项目公允价值变动：

借：套期工具——铜期货合同　　　　　　　25 000
　　贷：套期损益　　　　　　　　　　　　　　　　25 000
借：套期损益　　　　　　　　　　　　　　25 000
　　贷：被套期项目——库存商品铜　　　　　　　　25 000

(3) 2×17年2月28日，确认套期工具和被套期项目公允价值变动：

借：套期损益　　　　　　　　　　　　　　15 000
　　贷：套期工具——铜期货合同　　　　　　　　　15 000
借：被套期项目——库存商品铜　　　　　　15 000
　　贷：套期损益　　　　　　　　　　　　　　　　15 000

确认铜存货销售收入：

借：应收账款或银行存款　　　　　　　　　1 090 000
　　贷：主营业务收入　　　　　　　　　　　　　　1 090 000

结转铜存货销售成本：

借：主营业务成本　　　　　　　　　　　　990 000
　　贷：被套期项目——库存商品铜　　　　　　　　990 000

结算铜期货合同：

借：银行存款　　　　　　　　　　　　　　10 000
　　贷：套期工具——铜期货合同　　　　　　　　　10 000

注：由于甲公司采用套期进行风险管理，规避了铜存货公允价值变动风险，因此其铜存货公允价值下降没有对预期毛利100 000元（即1 100 000 - 1 000 000）产生不利影响。同时，甲公司运用公允价值套期将套期工具与被套期项目的公允价值变动损益计入相同会计期间，消除了因企业风险管理活动可能导致的损益波动。

【例25】甲公司为境内商品生产企业，采用人民币作为记账本位币。2×17年3月3日，甲公司与某境外公司签订了一项设备购买合同（确定承诺），设备价格为外币（本例下称FC）3 000 000元，交货日期及付款日为2×17年4月30日。

2×17年3月3日，甲公司签订了一项购买FC 3 000 000元的外汇远期合同。根据该远期合同，甲公司将于2×17年4月30日支付人民币4 950 000元购入FC 3 000 000元。2×17年3月3日，外汇远期合同的公允价值为0。

甲公司将该外汇远期合同指定为对FC/人民币汇率变动可能引起的外币计价的确定承诺公允价值变动风险进行套期的套期工具。

2×17年4月30日，甲公司履行确定承诺并以净额结算该远期合同，2×17年4月30日的即期汇率为1FC = 1.8人民币元。

与该套期有关的远期汇率以及外汇远期合同的资料如表1所示。

表1　　　　　　　　　　　　　　　　　　　　　　　　　单位：人民币元

日期	2×17年4月30日的远期汇率（FC/人民币）	本期外汇远期合同公允价值变动	本期末外汇远期合同公允价值
2×17年3月3日	1.65	—	—
2×17年3月31日	1.68	90 000	90 000
2×17年4月30日	—	360 000	450 000

为简化核算，假定不考虑设备购买有关的税费因素、设备运输和安装费用等。同时，本例中假设被套期项目与套期工具因FC/人

民币汇率变动引起的公允价值变动金额相同。

根据上述资料,甲公司应当进行如下账务处理(单位:人民币元):

(1) 2×17年3月3日,因为远期合同和确定承诺当日公允价值均为0,所以无须进行账务处理,但需编制指定文件。

(2) 2×17年3月31日,确认确定承诺因汇率变动引起的公允价值变动:

借:套期损益   90 000
　　贷:被套期项目——确定承诺   90 000

确认套期工具的公允价值变动:

借:套期工具——远期合同   90 000
　　贷:套期损益   90 000

(3) 2×17年4月30日,确认确定承诺因汇率变动引起的公允价值变动:

借:套期损益   360 000
　　贷:被套期项目——确定承诺   360 000

确认套期工具的公允价值变动:

借:套期工具——远期合同   360 000
　　贷:套期损益   360 000

结算远期合同:

借:银行存款   450 000
　　贷:套期工具——远期合同   450 000

履行确定承诺购入固定资产:

借:固定资产——设备   4 950 000
　　被套期项目——确定承诺   450 000
　　贷:银行存款   5 400 000

注:甲公司通过运用套期进行风险管理,使所购设备的成本锁定在确定承诺的购买价格FC 3 000 000元按1FC=1.65人民币元(套期

开始日的远期合同汇率)进行折算确定的金额,即人民币 4 950 000 元。

【例26】2×16 年 1 月 1 日,甲公司以每股 50 元的价格购入乙公司股票 20 000 股(占乙公司有表决权股份的3%),且选择将其指定为以公允价值计量且其变动计入其他综合收益的非交易性权益工具投资。为规避该股票价格下跌风险,甲公司于 2×16 年 12 月 31 日签订一份股票远期合同,约定将于 2×18 年 12 月 31 日以每股 65 元的价格出售其所持的乙公司股票 20 000 股,2×16 年 12 月 31 日该股票远期合同的公允价值为 0。2×18 年 12 月 31 日,甲公司履行远期合同,出售乙公司股票。假设不考虑远期合同的远期要素。

甲公司购入的乙公司股票和股票远期合同的公允价值如表 2 所示。

表2 单位:元

乙公司股票	2×16 年 12 月 31 日	2×17 年 12 月 31 日	2×18 年 12 月 31 日
每股价格	65	60	57
股票公允价值	1 300 000	1 200 000	1 140 000
远期合同公允价值	—	100 000	160 000

据此,甲公司进行的套期有效性分析及账务处理如下:

(1)套期有效性分析:

甲公司通过分析发现,乙公司股票与远期合同存在经济关系,且价值变动中信用风险不占主导地位,套期比率也反映了套期的实际数量,符合套期有效性要求。

(2)账务处理:

①2×16 年 1 月 1 日,确认购入乙公司股票:

借:其他权益工具投资　　　　　　　　　1 000 000

　　贷:银行存款　　　　　　　　　　　　　　1 000 000

②2×16 年 12 月 31 日,确认乙公司股票的公允价值变动:

借：其他权益工具投资　　　　　　　　　　　300 000
　　贷：其他综合收益——公允价值变动　　　　300 000

将非交易性权益工具投资指定为被套期项目：

借：被套期项目——其他权益工具投资　　1 300 000
　　贷：其他权益工具投资　　　　　　　　　1 300 000

远期合同的公允价值为0，无须进行会计处理。

③2×17年12月31日，确认套期工具公允价值变动：

借：套期工具——远期合同　　　　　　　　　100 000
　　贷：其他综合收益——套期损益　　　　　　100 000

确认被套期项目公允价值变动：

借：其他综合收益——套期损益　　　　　　　100 000
　　贷：被套期项目——其他权益工具投资　　　100 000

④2×18年12月31日，确认套期工具公允价值变动：

借：套期工具——远期合同　　　　　　　　　 60 000
　　贷：其他综合收益——套期损益　　　　　　 60 000

确认被套期项目公允价值变动：

借：其他综合收益——套期损益　　　　　　　 60 000
　　贷：被套期项目——其他权益工具投资　　　 60 000

履行远期合同，出售乙公司股票：

借：银行存款　　　　　　　　　　　　　　1 300 000
　　贷：被套期项目——其他权益工具投资　　1 140 000
　　　　套期工具——远期合同　　　　　　　 160 000

将计入其他综合收益的公允价值变动转出，计入留存收益：

借：盈余公积——法定盈余公积　　　　　　　 30 000
　　利润分配——未分配利润　　　　　　　　270 000
　　贷：其他综合收益——公允价值变动　　　　300 000

【例27】2×16年12月31日，甲银行按面值购入1亿元国债，票面利率为3.39%,每季度付息一次,到期日为2×17年12月31日。甲银行对该国债以摊余成本计量。2×16年12月31日,甲银行与交易对手签订名义金额1亿元的1年期利率互换合约,起息日为2×16年12月31日。甲银行作为固定利率支付方,按季支付3.39%的固定利率,同时按季收取并重置SHIBOR_1M的浮动利率,首次利率确定日为2×16年12月30日。国债和利率互换合约均按照30/360计息。利率互换合约的初始公允价值为0。甲银行于2×16年12月31日将利率互换合约指定为套期工具,对该1亿元国债由于市场利率变动产生的公允价值变动风险进行套期。假设不考虑国债的信用风险。

2×17年7月1日,甲银行的风险管理目标发生变化,导致套期关系不再满足运用套期会计的条件,甲银行在当日对上述指定终止运用套期会计。

利率互换合约现金流量以及公允价值变动如表3所示。

表3　　　　　　　　　　　　　　　　　　　　　　　　　　　单位:千元

时间	收:浮动利率(1个月期SHIBOR)	付:固定利率	净利息结算	期初余额(结算利息后)	本期公允价值变动	期末余额(结算利息后)
2×17年3月31日	5.009%	3.39%	405	—	131	131
2×17年6月30日	3.521%	3.39%	33	131	(651)	(520)
2×17年9月30日	3.091%	3.39%	(75)	(520)	237	(283)
2×17年12月31日	3.002%	3.39%	(97)	(283)	283	0

被套期项目因利率风险引起的公允价值变动金额如表4所示。

表4　　　　　　　　　　　　　　　　　　　　　　　　　　　　　　　单位：千元

时间	因利率风险引起的公允价值变动	公允价值变动累计金额	调整后账面价值
2×17年3月31日	(129)	(129)	99 871
2×17年6月30日	656	527	100 527

据此，甲银行对被套期项目所作调整的摊销以及账务处理如下：

（1）对被套期项目所作调整的摊销。

假设甲银行选择自调整日（2×17年3月31日）开始摊销，具体摊销情况如表5所示。

表5　　　　　　　　　　　　　　　　　　　　　　　　　　　　　　　单位：千元

时间	期初摊余成本	实际利率	实际利息收入	现金流入	本期摊销	期末摊余成本（调整前）	本期对被套期项目的调整	期末摊余成本（调整后）
2×17年3月31日	100 000	3.39%	847	(847)	—	100 000	(129)	99 871
2×17年6月30日	99 871	3.56%	890	(847)	43	99 914	656	100 570
2×17年9月30日	100 570	2.24%	563	(847)	(284)	100 286	0	100 286
2×17年12月31日	100 286	2.24%	561	(100 847)	(286)	0	0	0

（2）账务处理。

①2×16年12月31日，购入国债，并将其指定为被套期项目。

借：被套期项目——债权投资　　　　　100 000 000

　　贷：银行存款　　　　　　　　　　　　　100 000 000

被指定为套期工具的利率互换合约的初始公允价值为0，因此无账务处理。

②2×17年3月31日，确认国债利息收入，收到国债利息：

借：应收利息	847 000	
贷：利息收入		847 000

借：银行存款　　　　　　　　　　　　847 000
　　贷：应收利息　　　　　　　　　　　　　847 000

结算利率互换合约利息：

借：银行存款　　　　　　　　　　　　405 000
　　贷：利息收入　　　　　　　　　　　　　405 000

确认套期工具公允价值变动：

借：套期工具——利率互换合约　　　　131 000
　　贷：套期损益　　　　　　　　　　　　　131 000

确认被套期项目因利率风险引起的公允价值变动：

借：套期损益　　　　　　　　　　　　129 000
　　贷：被套期项目——债权投资　　　　　　129 000

③2×17年6月30日，确认国债利息收入，收到国债利息：

借：应收利息　　　　　　　　　　　　847 000
　　被套期项目——债权投资　　　　　　43 000
　　贷：利息收入　　　　　　　　　　　　　890 000

借：银行存款　　　　　　　　　　　　847 000
　　贷：应收利息　　　　　　　　　　　　　847 000

结算利率互换合约利息：

借：银行存款　　　　　　　　　　　　 33 000
　　贷：利息收入　　　　　　　　　　　　　 33 000

确认套期工具公允价值变动：

借：套期损益　　　　　　　　　　　　651 000
　　贷：套期工具——利率互换合约　　　　　651 000

确认被套期项目因利率风险引起的公允价值变动：

借：被套期项目——债权投资　　　　　656 000

贷：套期损益 656 000

④2×17年7月1日，套期关系终止：

借：债权投资——本金 100 000 000
　　　　　　——利息调整 570 000
　　贷：被套期项目——债权投资 100 570 000

借：套期工具——利率互换合约 520 000
　　贷：衍生工具——利率互换合约 520 000

⑤2×17年9月30日，确认国债利息收入，收到国债利息：

借：应收利息 847 000
　　贷：利息收入 563 000
　　　　债权投资——利息调整 284 000

借：银行存款 847 000
　　贷：应收利息 847 000

结算利率互换合约利息：

借：投资收益 75 000
　　贷：银行存款 75 000

确认利率互换合约公允价值变动：

借：衍生工具——利率互换合约 237 000
　　贷：公允价值变动损益 237 000

⑥2×17年12月31日，确认利息收入，收到国债本金和利息：

借：应收利息 847 000
　　贷：利息收入 561 000
　　　　债权投资——利息调整 286 000

借：银行存款 100 847 000
　　贷：应收利息 847 000
　　　　债权投资——本金 100 000 000

结算利率互换合约利息：

借：投资收益　　　　　　　　　　　　　97 000
　　贷：银行存款　　　　　　　　　　　　　　97 000

确认利率互换合约公允价值变动：

借：衍生工具——利率互换合约　　　　283 000
　　贷：公允价值变动损益　　　　　　　　　 283 000

注：本例中，根据本准则规定，甲银行对被套期项目所作调整的摊销，也可以自2×17年7月1日（被套期项目终止进行套期利得和损失调整的时点）开始。此外，如果甲银行在2×17年7月1日不终止套期会计，套期关系持续至2×17年12月31日，即对被套期项目终止进行套期利得和损失调整的时点与被套期项目的到期日相同，则对于被套期项目所作调整的累计金额为0。在此情况下，如果甲银行选择自2×17年12月31日开始摊销，则甲银行在2×17年12月31日不需要进行额外会计处理。

（二）现金流量套期

1. 现金流量套期会计处理原则。

现金流量套期的目的是将套期工具产生的利得或损失递延至被套期的预期未来现金流量影响损益的同一期间或多个期间。本准则规定，现金流量套期满足运用套期会计方法条件的，应当按照下列规定处理：

（1）套期工具产生的利得或损失中属于有效套期的部分，作为现金流量套期储备，应当计入其他综合收益。现金流量套期储备的金额，应当按照下列两项的绝对额中较低者确定：

①套期工具自套期开始的累计利得或损失；

②被套期项目自套期开始的预计未来现金流量现值的累计变动额。

每期计入其他综合收益的现金流量套期储备的金额应当为当期现金流量套期储备的变动额。

(2) 套期工具产生的利得或损失中属于无效套期的部分（即扣除计入其他综合收益后的其他利得或损失），应当计入当期损益。

本准则同时规定，企业应当按照下列规定对现金流量套期储备进行后续处理：

(1) 被套期项目为预期交易，且该预期交易使企业随后确认一项非金融资产或非金融负债，或者非金融资产或非金融负债的预期交易形成一项适用于公允价值套期会计的确定承诺时，企业应当将原在其他综合收益中确认的现金流量套期储备金额转出，计入该资产或负债的初始确认金额。

(2) 对于不属于上述（1）涉及的现金流量套期，企业应当在被套期的预期现金流量影响损益的相同期间，将原在其他综合收益中确认的现金流量套期储备金额转出，计入当期损益。

(3) 如果在其他综合收益中确认的现金流量套期储备金额是一项损失，且该损失全部或部分预计在未来会计期间不能弥补的，企业应当将预计不能弥补的部分从其他综合收益中转出，计入当期损益。

本准则还规定，当企业对现金流量套期终止运用套期会计时，在其他综合收益中确认的累计现金流量套期储备金额，应当按照下列规定进行处理：

(1) 被套期的未来现金流量预期仍然会发生的，累计现金流量套期储备的金额应当予以保留，并按照前述现金流量套期储备的后续处理规定进行会计处理。

(2) 被套期的未来现金流量预期不再发生的，累计现金流量套期储备的金额应当从其他综合收益中转出，计入当期损益。被套期的未来现金流量预期不再极可能发生但可能预期仍然会发生，在预期仍然会发生的情况下，累计现金流量套期储备的金额应当予以保留，并按照前述现金流量套期储备的后续处理规定进行会计处理。

2. 现金流量套期会计处理举例。

【例28】2×17年1月1日,甲公司预期在2×17年2月28日销售一批商品,数量为100吨,预期售价为1 100 000元。为规避该预期销售中与商品价格有关的现金流量变动风险,甲公司于2×17年1月1日与某金融机构签订了一项商品期货合同,且将其指定为对该预期商品销售的套期工具。商品期货合同的标的资产与被套期预期销售商品在数量、质次、价格变动和产地等方面相同,并且商品期货合同的结算日和预期商品销售日均为2×17年2月28日。

2×17年1月1日,商品期货合同的公允价值为0。2×17年1月31日,商品期货合同的公允价值上涨了25 000元,预期销售价格下降了25 000元。2×17年2月28日,商品期货合同的公允价值上涨了10 000元,商品销售价格下降了10 000元。当日,甲公司将商品出售,并结算了商品期货合同。

甲公司分析认为该套期符合套期有效性的条件。假定不考虑商品销售相关的增值税及其他因素,且不考虑期货市场每日无负债结算制度的影响。

甲公司的账务处理如下:

(1) 2×17年1月1日,甲公司不作账务处理,但需编制指定文档。

(2) 2×17年1月31日,确认现金流量套期储备:

借:套期工具——商品期货合同　　　　　25 000
　　贷:其他综合收益——套期储备　　　　　　25 000

(3) 2×17年2月28日,确认现金流量套期储备:

借:套期工具——商品期货合同　　　　　10 000
　　贷:其他综合收益——套期储备　　　　　　10 000

套期工具自套期开始的累计利得或损失与被套期项目自套期开始的预计未来现金流量现值的累计变动额一致,因此将套期工具公允价值变动全部作为现金流量套期储备计入其他综合收益。

确认商品的销售收入：

借：应收账款或银行存款　　　　　　　　1 065 000
　　贷：主营业务收入　　　　　　　　　　　　1 065 000

结算商品期货合同：

借：银行存款　　　　　　　　　　　　　　35 000
　　贷：套期工具——商品期货合同　　　　　　　35 000

将现金流量套期储备金额转出，调整主营业务收入：

借：其他综合收益——套期储备　　　　　　35 000
　　贷：主营业务收入　　　　　　　　　　　　　35 000

【例29】甲公司于2×16年11月1日与境外乙公司签订合同，约定于2×17年1月30日以外币（FC）每吨60元的价格购入100吨橄榄油。甲公司为规避购入橄榄油成本的外汇风险，于当日与某金融机构签订一项3个月到期的外汇远期合同，约定汇率为1FC＝45人民币元，合同金额FC 6 000元。2×17年1月30日，甲公司以净额方式结算该外汇远期合同，并购入橄榄油。

假定：（1）2×16年12月31日，FC对人民币1个月远期汇率为1FC＝44.8人民币元；（2）2×17年1月30日，FC对人民币即期汇率为1FC＝44.6人民币元；（3）该套期符合运用套期会计的条件；（4）不考虑增值税等相关税费和远期合同的远期要素。

根据本准则，对确定承诺的外汇风险进行的套期，既可以划分为公允价值套期，也可以划分为现金流量套期。以下分别两种情形进行会计处理。

情形1：甲公司将上述套期划分为公允价值套期。

（1）2×16年11月1日，外汇远期合同的公允价值为0，不作账务处理，但需编制指定文档。

（2）2×16年12月31日，确认套期工具和被套期项目公允价值变动：

外汇远期合同的公允价值 = (45 - 44.8) × 6 000 = 1 200（人民币元）。

借：套期损益　　　　　　　　　　　　　　　1 200
　　贷：套期工具——外汇远期合同　　　　　　　1 200
借：被套期项目——确定承诺　　　　　　　　1 200
　　贷：套期损益　　　　　　　　　　　　　　　1 200

(3) 2×17年1月30日，确认套期工具公允价值变动：

外汇远期合同的公允价值 = (45 - 44.6) × 6 000 = 2 400（人民币元）。

借：套期损益　　　　　　　　　　　　　　　1 200
　　贷：套期工具——外汇远期合同　　　　　　　1 200

结算外汇远期合同：

借：套期工具——外汇远期合同　　　　　　2 400
　　贷：银行存款　　　　　　　　　　　　　　　2 400

确认被套期项目公允价值变动：

借：被套期项目——确定承诺　　　　　　　　1 200
　　贷：套期损益　　　　　　　　　　　　　　　1 200

购入橄榄油：

借：库存商品——橄榄油　　　　　　　　　267 600
　　贷：银行存款　　　　　　　　　　　　　　267 600

将被套期项目的余额转入橄榄油的账面价值：

借：库存商品——橄榄油　　　　　　　　　2 400
　　贷：被套期项目——确定承诺　　　　　　　2 400

情形2：甲公司将上述套期划分为现金流量套期。

(1) 2×16年11月1日，外汇远期合同的公允价值为0，不作账务处理，但需编制指定文档。

(2) 2×16年12月31日，确认现金流量套期储备：

外汇远期合同的公允价值 = (45 - 44.8) × 6 000 = 1 200（人民币元）。

借：其他综合收益——套期储备　　　　　　　　　1 200
　　贷：套期工具——外汇远期合同　　　　　　　　　1 200

(3) 2×17 年 1 月 30 日，确认现金流量套期储备：

外汇远期合同的公允价值 =(45 −44.6)×6 000 =2 400（人民币元）。

借：其他综合收益——套期储备　　　　　　　　　1 200
　　贷：套期工具——外汇远期合同　　　　　　　　　1 200

结算外汇远期合同：

借：套期工具——外汇远期合同　　　　　　　　　2 400
　　贷：银行存款　　　　　　　　　　　　　　　　　2 400

购入橄榄油：

借：库存商品——橄榄油　　　　　　　　　　　267 600
　　贷：银行存款　　　　　　　　　　　　　　　267 600

将计入其他综合收益中的套期储备转出：

借：库存商品——橄榄油　　　　　　　　　　　　2 400
　　贷：其他综合收益——套期储备　　　　　　　　　2 400

（三）境外经营净投资套期

1. 境外经营净投资套期会计处理原则。

本准则规定，对境外经营净投资的套期，包括对作为净投资的一部分进行会计处理的货币性项目的套期，应当按照类似于现金流量套期会计的规定处理：

(1) 套期工具形成的利得或损失中属于套期有效的部分，应当计入其他综合收益。

全部或部分处置境外经营时，上述计入其他综合收益的套期工具利得或损失应当相应转出，计入当期损益。

(2) 套期工具形成的利得或损失中属于套期无效的部分，应当计入当期损益。

2. 多个母公司进行的套期。

在一项由境外经营净投资产生的外汇风险的套期中,被套期项目的金额可以等于或小于母公司合并财务报表中该境外经营净资产账面价值。企业可以将被套期风险指定为境外经营的记账本位币与其任何母公司(直接的、中间的或最终的母公司)的记账本位币之间产生的外汇风险敞口。通过中间母公司持有净投资不影响最终母公司所面临外汇风险的性质。但是,境外经营净投资产生的外汇风险敞口只有在合并财务报表中才可能符合套期会计的条件。如果同一境外经营净资产的同一风险被集团内部一家以上的母公司(例如,直接和间接母公司)分别进行套期,则在最终母公司合并财务报表中只有一项套期关系符合套期会计的条件。

如果一项套期关系由较低层次间接母公司在其合并财务报表中进行了指定,那么在更高层次的母公司合并财务报表中可以决定保留该套期关系或重新指定。如果较高层次的母公司决定不保留该套期关系而是重新指定,那么,在较高层次母公司的合并财务报表中必须先转回较低层次母公司所运用的套期会计,再按照重新指定的套期关系运用套期会计。相反地,套期会计可以在较高层次母公司的合并财务报表中直接指定,不必在较低层次间接母公司的合并财务报表中进行指定。

3. 集团内可以持有套期工具的企业。

一项衍生或非衍生金融工具(或衍生和非衍生金融工具的组合)可以被指定为境外经营净投资套期工具。只要满足本准则对境外经营净投资套期的指定、文件记录和有效性要求,套期工具就可由集团内部的任一家或几家企业持有。

如果持有套期工具的企业的记账本位币与投资于境外经营的母公司的记账本位币相同,就较容易进行套期有效性评估,因为在评估套期有效性时,可以假设持有境外经营的母公司也同时持有套期工具。如果持有套期工具的企业的记账本位币与投资于境外经营的母公司的记账本位币不同,评估套期有效性会较为复杂。这种情况下,套期有效性不仅要反映持有套期工具的企业的利得或损失(如果不使用套期会计,应计入合并损益),还应当反映对套期工具重新折算为母公司记账本位币的影响(如果不使用套期会计,应在合并其他综合收益中确认)。有效性的评估并不受套期工具是否是衍生工具的影响,也不受合并方法的影响。

【例30】2×16年10月1日,甲公司(记账本位币为人民币)在其境外子公司有一项境外经营净投资外币(FC)5 000万元。为规避境外经营净投资外汇风险,甲公司与某境外金融机构签订了一项外汇远期合同,约定于2×17年4月1日卖出FC 5 000万元。其他有关资料如表6所示。

表6   单位:人民币元

日期	即期汇率(FC/人民币)	远期汇率(FC/人民币)	远期合同的公允价值
2×16年10月1日	1.71	1.70	0
2×16年12月31日	1.64	1.63	3 430 000
2×17年3月31日	1.60	不适用	5 000 000

假定不考虑远期合同的远期要素。甲公司的上述套期满足运用套期会计方法的所有条件。

甲公司的账务处理如下:

(1)2×16年10月1日,外汇远期合同的公允价值为0,不作账务处理。

(2)2×16年12月31日,确认外汇远期合同的公允价值变动:

借:套期工具——外汇远期合同　　　　　3 430 000

　　贷:其他综合收益——外币报表折算差额　3 430 000

确认对子公司净投资的汇兑损益：

借：其他综合收益——外币报表折算差额　　3 500 000

　　贷：长期股权投资　　　　　　　　　　　　　3 500 000

（3）2×17 年 3 月 31 日，确认外汇远期合同的公允价值变动：

借：套期工具——外汇远期合同　　　　　1 570 000

　　贷：其他综合收益——外币报表折算差额　　1 570 000

确认对子公司净投资的汇兑损益：

借：其他综合收益——外币报表折算差额　　2 000 000

　　贷：长期股权投资　　　　　　　　　　　　　2 000 000

结算外汇远期合同：

借：银行存款　　　　　　　　　　　　　5 000 000

　　贷：套期工具——外汇远期合同　　　　　　　5 000 000

注：境外经营净投资中套期工具形成的利得在其他综合收益中列示，直至子公司被处置。

（四）套期关系再平衡的会计处理

本准则规定，企业对套期关系作出再平衡的，应当在调整套期关系之前确定套期关系的套期无效部分，并将相关利得或损失立即计入当期损益。同时，更新在套期剩余期限内预期将影响套期关系的套期无效部分产生原因的分析，并相应更新套期关系的书面文件。

套期关系再平衡可能会导致企业增加或减少指定套期关系中被套期项目或套期工具的数量。企业增加了指定的被套期项目或套期工具的，增加部分自指定增加之日起作为套期关系的一部分进行处理；企业减少了指定的被套期项目或套期工具的，减少部分自指定减少之日起不再作为套期关系的一部分，作为套期关系终止处理。

【例 31】2×16 年 1 月 1 日，甲公司预计在未来 12 个月内采购 100

万桶西德克萨斯中质原油（WTI 原油）。甲公司采用现金流量套期，并购入 105 万桶布伦特原油（Brent 原油）期货合约，以对极可能发生的 100 万桶 WTI 原油的预期采购进行套期（套期比率为 1∶1.05）。该期货合约在指定日的公允价值为 0。

2×16 年 6 月 30 日，被套期项目 WTI 原油的预期采购自套期开始的预计未来现金流量现值的累计变动额为 200 万美元，套期工具的公允价值累计下降了 229 万美元。甲公司通过分析发现，Brent 原油相对 WTI 原油的经济关系与预期不同，因此考虑对套期关系进行再平衡。甲公司通过分析决定将套期比率重新设定为 1∶0.98。

为了在 2×16 年 6 月 30 日进行再平衡，甲公司可以指定更大的被套期风险敞口或终止指定部分套期工具。甲公司决定选择后者，即终止指定 7 万桶 Brent 原油期货合约的套期工具。

假定甲公司的上述套期满足运用套期会计方法的所有条件，不考虑其他因素。

甲公司的账务处理如下（假定美元兑人民币的汇率为 1∶6）：

(1) 2×16 年 1 月 1 日，甲公司不作账务处理。

(2) 2×16 年 6 月 30 日：

借：其他综合收益——套期储备　　　　12 000 000
　　套期损益　　　　　　　　　　　　 1 740 000
　　贷：套期工具——期货合同　　　　　　　13 740 000

在总计 105 万桶布伦特原油期货合约中，7 万桶不再属于该套期关系。因此，甲公司需将 7/105 的套期工具重分类为衍生工具，有关套期文件的书面记录应当相应更新。

甲公司进行再平衡时的会计处理如下：

借：套期工具——期货合同　　　　　916 000
　　贷：衍生工具——期货合同　　　　　　916 000

[再平衡时，重分类的套期工具的公允价值为 13 740 000×7/105 =

916 000（人民币元）]

【例32】 2×16年4月1日，甲公司预期极可能在5个月后采购10 000吨柴油。为此，甲公司采用现金流量套期，并指定9 500吨以D2柴油普氏价格为标的的期货合约，对极可能于9月1日采购的10 000吨柴油进行套期（套期比率为1∶0.95）。指定日期货合约公允价值为0。

2×16年6月30日，被套期项目自套期开始的预计未来现金流量现值的累计变动额为820万美元，套期工具公允价值累计下降650万美元。基于分析，甲公司认为，未来适当的套期比率为1∶1.05。因此，甲公司决定进行套期关系再平衡，甲公司可以选择增加套期工具数量或减少被套期项目数量。根据成本效益分析，甲公司决定将被套期项目数量减少952吨（10 000 - 9 500/1.05）。

2×16年6月30日，甲公司从被套期项目中减少预期采购的952吨柴油，预期采购的剩余9 048吨仍保留在套期关系中。

甲公司的账务处理如下（假定美元兑人民币的汇率为1∶6）：

(1) 2×16年1月1日，甲公司不作账务处理。

(2) 2×16年6月30日：

借：其他综合收益——套期储备　　　　39 000 000
　　贷：套期工具——期货合同　　　　　　39 000 000

（将套期工具公允价值的累计变动650万美元作为现金流量套期储备计入其他综合收益）

甲公司进行再平衡时，套期文件有关书面记录应当予以相应更新，无须进行账务处理。

（五）一组项目套期的会计处理

1. 风险净敞口套期的会计处理。

本准则规定，对于被套期项目为风险净敞口的套期，被套期风险影响利润表不同列示项目的,企业应当将相关套期利得或损失单独列示,不应当影响利润表中与被套期项目相关的损益列示项目(如营业收入或营业成本)金额。例如,某公司有一笔由100万美元的预期外币销售收入和80万美元的预期外币费用构成的外汇风险净头寸,该公司利用金额为20万美元的外汇远期合同对该外汇风险净头寸进行套期。当该外汇风险净头寸影响损益时,该外汇远期合同产生的现金流量套期储备重分类至损益的利得或损失应当与被套期的销售收入和费用区分开来并单独列示。如果销售收入产生的期间早于费用发生的期间,则销售收入仍应当按照即期汇率计量。相关的套期利得或损失应当单独列示,从而在损益中反映出净头寸套期的影响,并相应调整现金流量套期储备。如果被套期的费用将影响以后期间的损益(例如该费用将分期摊销),则之前对费用确认的套期利得或损失应在以后期间重分类至损益,且在利润表中与包含被套期费用的项目区分开单独列示。

再如,企业通过利率互换合同对固定利率债务工具的利率风险进行套期。企业的套期目标旨在将固定利率现金流量转换成浮动利率现金流量。在对净头寸(例如,一项固定利率资产和一项固定利率负债构成的净头寸)进行套期时,套期工具的应计净利息应当单独列示,以避免将单个套期工具产生的利得或损失净额以相互抵销的总额形式在不同的报表项目中分别列示(即,不得将单项利率互换合同产生的净利息收入列示为利息收入总额和利息支出总额)。

因此,企业开展净敞口套期业务的,应当在利润表中增设"净敞口套期收益"项目,将"净敞口套期损益"科目的当期发生额在该项目中列示。

本准则还规定,对于被套期项目为风险净敞口的公允价值套期,涉及调整被套期各组成项目账面价值的,企业应当对各项资产和负债的账面价值作相应调整。

【例 33】 2×16 年 1 月 1 日，甲公司预期 2×16 年 12 月 31 日将有一项 1 000 万美元的现金销售和一项 1 200 万美元的固定资产现金采购，上述交易极有可能发生。甲公司的记账本位币为人民币。

2×16 年 1 月 1 日，甲公司签订了一项 1 年期外汇远期合同对上述 200 万美元的外汇净头寸进行套期，甲公司 1 年后将按 1 美元 = 6.5 人民币元的汇率购入 200 万美元。上述固定资产将采用直线法在 5 年内计提折旧。

2×16 年 1 月 1 日及 2×16 年 12 月 31 日美元的即期汇率分别为 1 美元 = 6.5 人民币元及 1 美元 = 6.4 人民币元。2×16 年 1 月 1 日，外汇远期合同的公允价值为 0。2×16 年 12 月 31 日，外汇远期合同的公允价值为亏损 20 万人民币元。

预期销售现金流入和预期采购现金流出如期于 2×16 年 12 月 31 日发生，外汇远期合同也于 2×16 年 12 月 31 日结算。假设不考虑外汇远期合同的远期要素。

甲公司相关账务处理如下：

（1）2×16 年 1 月 1 日，外汇远期合同公允价值为 0，无须进行账务处理。

（2）2×16 年 12 月 31 日，确认套期工具公允价值变动：

借：其他综合收益——套期储备　　　　　　200 000
　　贷：套期工具——外汇远期合同　　　　　　　　200 000

结算外汇远期合同：

借：套期工具——外汇远期合同　　　　　　200 000
　　贷：银行存款　　　　　　　　　　　　　　　　200 000

将套期工具的累计损失中对应预期销售的部分 10 000 000 × (6.5 − 6.4) = 1 000 000 元人民币利得从其他综合收益中转出，并将其计入净敞口套期损益：

借：其他综合收益——套期储备　　　　　　1 000 000

贷：净敞口套期损益　　　　　　　　　1 000 000
　借：应收账款或银行存款　　　　　　　64 000 000
　　贷：主营业务收入　　　　　　　　　64 000 000

将套期工具的累计损失中对应预期采购的部分 12 000 000 ×（6.4－6.5）＝－1 200 000 元人民币损失从其他综合收益中转出，并将其计入固定资产的初始确认金额：

　借：固定资产　　　　　　　　　　　　78 000 000
　　贷：银行存款　　　　　　　　　　　76 800 000
　　　　其他综合收益——套期储备　　　 1 200 000

后续第 2 年至第 6 年，基于固定资产采购价格（不含套期调整）每年计提折旧＝76 800 000/5＝15 360 000（人民币元）：

　借：制造费用——折旧费用　　　　　　15 360 000
　　贷：累计折旧　　　　　　　　　　　15 360 000

将套期调整在固定资产折旧期间进行摊销＝1 200 000/5＝240 000（人民币元），并将其计入净敞口套期损益：

　借：净敞口套期损益　　　　　　　　　　240 000
　　贷：累计折旧　　　　　　　　　　　　240 000

　　注：由于本例涉及净敞口套期，因此与被套期项目相关的利润表列示项目（即营业收入和营业成本）不会因采用套期会计而受到影响。

2. 其他一组项目套期的会计处理。

本准则规定，除上述有关风险净敞口套期会计处理规定外，对于被套期项目为一组项目的公允价值套期，企业在套期关系存续期间，应当针对被套期项目组合中各组成项目，分别确认公允价值变动所引起的相关利得或损失，按照本准则第二十二条相关规定进行相应处理，计入当期损益或其他综合收益，涉及调整被套期各组成项目账面价值的，应当对各项资产和负债的账面价值做相应调整。

本准则规定，除上述有关风险净敞口套期会计处理规定外，对于被套期项目为一组项目的现金流量套期，企业在将其他综合收益中确认的相关现金流量套期储备转出时，应当按照系统、合理的方法将转出金额在被套期各组成项目中分摊，并按照本准则第二十五条的规定进行相应处理。

（六）期权时间价值的会计处理

本准则规定，企业将期权合同的内在价值和时间价值分开，只将期权的内在价值变动指定为套期工具时，应当区分被套期项目的性质是与交易相关还是与时间段相关，并进行不同的会计处理。

在评估期权是对与交易相关的被套期项目还是与时间段相关的被套期项目进行套期时，关键在于被套期项目的性质，包括被套期项目影响损益的方式和时间。不论是公允价值套期还是现金流量套期，企业均应当基于被套期项目的性质来评估。

1. 被套期项目与交易相关的，对其进行套期的期权的时间价值具备该项交易成本的特征。如果该被套期项目导致确认一项初始计量包含交易成本的项目（如企业对预期交易或确定承诺涉及的商品价格风险进行套期，并将交易成本纳入存货的初始计量），则期权的时间价值应纳入特定的被套期项目的初始计量。与此类似，对构成预期交易或确定承诺商品销售的商品价格风险进行套期的企业，应当将期权的时间价值作为销售成本的一部分，在被套期的销售确认收入的相同期间计入损益。具体而言，企业应当将期权时间价值的公允价值变动中与被套期项目相关的部分计入其他综合收益，并按照与现金流量套期储备相同的会计处理方法进行处理。

2. 被套期项目与时间段相关的，对其进行套期的期权时间价值具备为保护企业在特定时间段内规避风险所需支付成本的特征。例如，如果使用期限为 6 个月的期权对企业的存货在该 6 个月中的价格风险进行套期,期权的时间价值应在这 6 个月期间内采用系统、合理的方法进行摊销计入损益。又如,在使用外汇期权对境外经营净投资进行为期 18 个月的套期时,期权的时间价值将在这 18 个月期间内进行分摊。

当期权被用于对与时间段相关的被套期项目进行套期时,被套期项目的特征(包括被套期项目影响损益的方式和时间)同时会影响期权时间价值的摊销期间,这与运用套期会计时期权内在价值影响损益的期间相一致。例如,如果使用某一利率期权(利率上限)来防止浮动利率债券利息费用增加,则利率上限的时间价值摊销计入损益的期间与利率上限的内在价值影响损益的期间相同,即:如果使用利率上限对 5 年期浮动利率债券的前 3 年的利率上升风险进行套期,则利率上限的时间价值在前 3 年摊销计入损益;或者如果利率上限是远期起始期权,用于对 5 年期的浮动利率债券的第 2 年至第 3 年的利率上升风险进行套期,则利率上限的时间价值应在第 2 年和第 3 年进行摊销计入损益。

具体而言,企业应当将期权时间价值的公允价值变动中与被套期项目相关的部分计入其他综合收益。同时,企业应当按照系统、合理的方法,将期权被指定为套期工具当日的时间价值中与被套期项目相关的部分,在套期关系影响损益或其他综合收益(仅限于企业对指定为以公允价值计量且其变动计入其他综合收益的非交易性权益工具投资的公允价值套期)的期间内摊销,摊销金额从其他综合收益中转出,计入当期损益。由于期权的时间价值在期权到期时将归零,因此在期权存续期内的累计时间价值的公允价值变动等于指定套期时的时间价值。时间价值变动计入其他综合收益的金额应当根据变动的实际情况确定,但从其他综合收益转入当期损益(即摊销)的金额应当按照系统、合理的方法确定。转入和转出的金额最终是一致的,即指定套期时的时间价值。若企业终止运用套期会计，则其他综合收益中剩余的相关金额应当转出，计入当期损益。

期权的主要条款（如名义金额、期限和标的）与被套期项目相一致的，期权的实际时间价值与被套期项目相关；期权的主要条款与被套期项目不完全一致的，企业应当通过对主要条款与被套期项目完全匹配的期权进行估值确定校准时间价值，并确认期权的实际时间价值中与被套期项目相关的部分。

在套期关系开始时，期权的实际时间价值高于校准时间价值的，企业应当以校准时间价值为基础，将其累计公允价值变动计入其他综合收益，并将这两个时间价值的公允价值变动差额计入当期损益；在套期关系开始时，期权的实际时间价值低于校准时间价值的，企业应当将两个时间价值中累计公允价值变动的较低者计入其他综合收益，如果实际时间价值的累计公允价值变动扣减累计计入其他综合收益金额后尚有剩余的，应当计入当期损益。

本准则对期权时间价值的会计处理同样适用于由购入期权和签出期权组成的组合期权，该组合期权在被指定为套期工具之日的净时间价值为零（通常被称为"零成本上下限期权"）。在这种情况下，即使在套期关系的整个期间内时间价值的累计变动为零，企业也应当将各期间时间价值的变动计入其他综合收益。如果期权的时间价值涉及与交易相关的被套期项目，在套期关系结束时调整被套期项目或是重分类至损益的时间价值为零；如果期权的时间价值涉及与时间段相关的被套期项目，在套期关系结束时期权时间价值相关摊销金额为零。

【例34】甲公司发行了一项7年期浮动利率债券，并希望在前2年内使其免于因利率上升而导致利息费用增加所带来的风险。因此，甲公司买进了一份为期2年的利率上限期权。在现金流量套期中，仅将利率上限期权的内在价值指定为套期工具。

假定该期权被指定时的实际时间价值为 200 000 元,甲公司将该金额按照系统、合理的方法在保护期(即前 2 年)内分摊至当期损益。为简化核算,本例中以直线法分摊至当期损益。

(1) 实际时间价值等于校准时间价值的情形。

由于期权被指定时的实际时间价值为 200 000 元,假定其开始时的校准时间价值也为 200 000 元,因此,期权实际时间价值等于校准时间价值。假定期权的时间价值在第 1 年末全额为 130 000 元。

在这种情形下,期权时间价值的变动如表 7 所示。

表 7 单位:元

	指定套期时	第 1 年末	第 2 年末	合计
期权的时间价值	200 000	130 000	0	—
计入其他综合收益的公允价值变动	—	70 000	130 000	200 000
从其他综合收益转出(分摊)的金额	—	100 000	100 000	200 000

甲公司有关期权时间价值的账务处理如下:

①第 1 年:

借:其他综合收益——套期成本　　　　　　70 000
　　贷:衍生工具　　　　　　　　　　　　　　　70 000
借:财务费用　　　　　　　　　　　　　100 000
　　贷:其他综合收益——套期成本　　　　　　100 000

②第 2 年:

借:其他综合收益——套期成本　　　　　　130 000
　　贷:衍生工具　　　　　　　　　　　　　　　130 000
借:财务费用　　　　　　　　　　　　　100 000
　　贷:其他综合收益——套期成本　　　　　　100 000

(2) 实际时间价值高于校准时间价值的情形。

期权指定时的实际时间价值为 200 000 元，假定开始时的校准时间价值为 150 000 元，此时期权实际时间价值高于校准时间价值。假定该期权的实际时间价值在第 1 年末金额为 100 000 元，校准时间价值在第 1 年末金额为 90 000 元。

在这种情形下，期权时间价值的变动如表 8 所示。

表 8   单位：元

	指定套期时	第 1 年末	第 2 年末	合计
期权的实际时间价值	200 000	100 000	0	—
期权的校准时间价值	150 000	90 000	0	—
期权实际时间价值的变动金额	—	100 000	100 000	200 000
期权校准时间价值的变动金额（计入其他综合收益）	—	60 000	90 000	150 000
期权实际时间价值变动不计入其他综合收益的部分	—	40 000	10 000	50 000
从其他综合收益转出（分摊）的金额	—	75 000	75 000	150 000
影响当期损益的金额	—	115 000	85 000	200 000

甲公司有关期权时间价值的账务处理如下：

①第 1 年：

借：其他综合收益——套期成本　　　　　　　60 000

　　公允价值变动损益　　　　　　　　　　　40 000

　　贷：衍生工具　　　　　　　　　　　　　　　　100 000

借：财务费用　　　　　　　　　　　　　　　75 000

　　贷：其他综合收益——套期成本　　　　　　　　75 000

②第 2 年：

借：其他综合收益——套期成本　　　　　　　90 000

　　公允价值变动损益　　　　　　　　　　　10 000

　　贷：衍生工具　　　　　　　　　　　　　　　　100 000

借：财务费用　　　　　　　　　　　　　　　75 000
　　贷：其他综合收益——套期成本　　　　　　　　　75 000

（3）实际时间价值低于校准时间价值的情形。

期权指定时的实际时间价值为200 000元，假定开始时的校准时间价值为240 000元，此时期权实际时间价值低于校准时间价值。假定该期权的实际时间价值在第1年末金额为120 000元，校准时间价值在第1年末金额为100 000元。

在这种情形下，期权时间价值的变动如表9所示。

表9　　　　　　　　　　　　　　　　　　　　　　　　　　　　　　　单位：元

	指定套期时	第1年末	第2年末	合计
期权的实际时间价值	200 000	120 000	0	—
期权的校准时间价值	240 000	100 000	0	—
期权实际时间价值的变动金额	—	80 000	120 000	200 000
期权校准时间价值的变动金额	—	140 000	100 000	240 000
计入其他综合收益的变动金额	—	80 000	120 000	200 000
从其他综合收益转出（分摊）的金额	—	100 000	100 000	200 000
影响当期损益的金额	—	100 000	100 000	200 000

甲公司有关期权时间价值的账务处理如下：

① 第1年：

借：其他综合收益——套期成本　　　　　　　　80 000
　　贷：衍生工具　　　　　　　　　　　　　　　　80 000

借：财务费用　　　　　　　　　　　　　　　100 000
　　贷：其他综合收益——套期成本　　　　　　　　100 000

② 第2年：

借：其他综合收益——套期成本　　　　　　　120 000
　　贷：衍生工具　　　　　　　　　　　　　　　120 000

借：财务费用 100 000
  贷：其他综合收益——套期成本 100 000

（七）远期合同的远期要素和金融工具的外汇基差的会计处理

企业将远期合同的远期要素和即期要素分开、只将即期要素的价值变动指定为套期工具的，或者将金融工具的外汇基差单独分拆、只将排除外汇基差后的金融工具指定为套期工具的，可以按照与期权时间价值相同的处理方式对远期合同的远期要素或金融工具的外汇基差进行会计处理，也可以按照常规会计处理方法进行处理。

七、关于信用风险敞口的公允价值选择权

许多金融机构通过信用衍生工具管理借贷活动产生的信用风险敞口。例如，金融机构运用信用衍生工具对信用风险敞口进行套期以将其贷款或贷款承诺的信用损失风险转移至第三方。但是根据《企业会计准则第 22 号——金融工具确认和计量》的相关规定，企业的信用衍生工具应当以公允价值计量且其变动计入当期损益，而贷款等并不一定以公允价值计量且其变动计入当期损益（如按摊余成本计量或尚未确认）。因此，在被套期风险敞口未按与信用衍生工具相同的基础进行计量的情况下，将会产生会计错配。

由于金融项目的信用风险通常无法单独识别，不属于符合条件的被套期项目，因此使用信用衍生工具对信用风险敞口进行套期的企业将无法运用套期会计。

为解决这一问题，并允许企业在一定程度上反映其信用风险管理活动，本准则允许企业可以选择采用以公允价值计量且其变动计入当期损益的方式计量被套期风险敞口的方法替代套期会计。

（一）指定条件

本准则规定，企业使用以公允价值计量且其变动计入当期损益的信用衍生工具管理金融工具（或其组成部分）的信用风险敞口时，可以在该金融工具（或其组成部分）初始确认时、后续计量中或尚未确认时，将其指定为以公允价值计量且其变动计入当期损益的金融工具，并同时作出书面记录，但应当同时满足下列条件：

1. 金融工具信用风险敞口的主体（如借款人或贷款承诺持有人）与信用衍生工具涉及的主体相一致；
2. 金融工具的偿付级次与根据信用衍生工具条款须交付的工具

的偿付级次相匹配。

需要说明的是，与《企业会计准则第22号——金融工具确认和计量》规定的公允价值选择权不同，本准则规定的对采用信用衍生工具管理信用风险敞口的金融工具的公允价值选择权，有以下灵活性：一是可以在金融工具初始确认后进行指定；二是可以对金融工具的一部分作出指定，而非仅限于金融工具全部；三是可以在一定条件下终止指定。

【例35】甲银行授予乙公司2亿元的不可撤销的贷款承诺，乙公司可以在5年内随时提取。第3年末，甲银行认为有必要降低对乙公司的信用风险敞口。甲银行以乙公司作为目标主体订立了一项信用违约互换合同（CDS），对授予乙公司的贷款额度中5 000万元的信用风险进行管理。信用违约互换合同的期限为3年，贷款的受偿顺序与发生信用事件时根据信用衍生工具条款所交割贷款的受偿顺序一致，均为一般债务。

甲银行选择对未提用的5 000万元的贷款承诺指定为以公允价值计量且其变动计入当期损益，以便与以公允价值计量且其变动计入当期损益的信用违约互换合同的后续计量相匹配。

（二）相关会计处理

本准则第三十四条规定，金融工具（或其组成部分）被指定为以公允价值计量且其变动计入当期损益的，企业应当在指定时将其账面价值（如有）与其公允价值之间的差额计入当期损益。如该金融工具是按照《企业会计准则第22号——金融工具确认和计量》第十八条分类为以公允价值计量且其变动计入其他综合收益的金融资产的，企业应当将之前计入其他综合收益的累计利得或损失转出，计入当期损益。

在选择运用针对信用风险敞口（全部或部分）的公允价值选择

权之后，同时满足下列条件的，企业应当对金融工具（或其一定比例）终止以公允价值计量且其变动计入当期损益：

1. 本准则规定的条件不再适用，例如信用衍生工具或金融工具（或其一定比例）已到期、被出售、合同终止或已行使，或企业的风险管理目标发生变化，不再通过信用衍生工具进行风险管理。

2. 金融工具（或其一定比例）按照《企业会计准则第22号——金融工具确认和计量》的规定，仍然不满足以公允价值计量且其变动计入当期损益的金融工具的条件。

当企业对金融工具（或其一定比例）终止以公允价值计量且其变动计入当期损益时，该金融工具（或其一定比例）在终止时的公允价值应当作为其新的账面价值。同时，企业应当采用与该金融工具被指定为以公允价值计量且其变动计入当期损益之前相同的方法进行计量。

【例36】甲银行向乙公司提供了一笔1亿元的5年期浮动利率贷款。甲银行管理该贷款的业务模式以收取合同现金流量为目标，且合同现金流量特征仅为对本金和以未偿付本金金额为基础的利息的支付，因此以摊余成本计量。甲银行的信用风险政策要求针对整个贷款存续期内的全部信用风险进行风险管理。甲银行使用的风险管理工具为信用违约互换合同。

由于信用违约互换合同以公允价值计量且其变动计入当期损益，但贷款以摊余成本计量，为了降低上述计量不一致所产生的损益波动，甲银行将贷款指定为以公允价值计量且其变动计入当期损益。为确保有可恢复至以摊余成本计量的灵活性，甲银行清晰地记录了该指定是按照本准则作出，而非根据《企业会计准则第22号——金融工具确认和计量》作出。信用违约互换合同的目标债务为乙公司1亿元的5年期浮动利率债务，甲银行贷款的受偿顺序与发生信用损失事件时根据信用违约互换合同所交割贷款的受偿顺序一致，均为次级债务。

2年后，甲银行认为，根据银行的信用风险管理政策，该项贷款的信用风险已降至无须通过信用违约互换合同管理的程度，于是终止了该信用违约互换合同。此时贷款的公允价值为1.1亿元。

甲银行持有该项贷款的业务模式仍是以收取合同现金流量为目标，所以不满足以公允价值计量且其变动计入当期损益的条件。因此，甲银行对该贷款终止以公允价值计量且其变动计入当期损益，并开始以摊余成本计量，实际利率基于该项贷款的新账面价值1.1亿元计算。

八、关于衔接规定

本准则规定，本准则施行日之前套期会计处理与本准则要求不一致的，企业不作追溯调整。同时，要求企业在本准则施行日，应当按照本准则的规定对已存在的套期关系进行评估。在符合本准则要求的情况下可以进行再平衡，再平衡后仍然符合本准则规定的运用套期会计方法条件的，将其视为持续的套期关系，并将再平衡所产生的相关利得或损失计入当期损益。

本准则同时规定了例外情况，即在下列情况下，企业应当按照本准则的规定，对在比较期间最早的期初已经存在的、以及在此之后被指定的套期关系进行追溯调整：

（1）企业将期权的内在价值和时间价值分开，只将期权的内在价值变动指定为套期工具。

（2）本准则第二十一条（二）规定的情形。

此外，企业将远期合同的远期要素和即期要素分开、只将即期要素的价值变动指定为套期工具的，或者将金融工具的外汇基差单独分拆、只将排除外汇基差后的金融工具指定为套期工具的，可以按照与本准则期权时间价值相同的处理方式对远期合同的远期要素和金融工具的外汇基差的会计处理进行追溯调整。如果选择追溯调整，企业应当对所有满足该选择条件的套期关系进行追溯调整。

【例37】甲公司于2016年5月购入2年期乙公司债券，并对该债券以摊余成本计量。为管理债券价格下跌的风险，甲公司于2016年5月同时购入了以该债券为标的的2年期看跌期权，并将上述看跌期权的内在价值指定为套期工具，对该债券的公允价值变动风险进行套期。甲公司自2018年1月1日起实施本准则。由于该套期关系在甲公司2018年度财务报表的最早比较期间的期初（即2017年1

月1日）已经存在，因此，甲公司应当根据本准则对期权时间价值的会计处理要求予以追溯调整，即将上述期权时间价值的公允价值变动中与被套期项目相关的部分先计入其他综合收益，再按照本准则要求摊销至各期损益。

企业会计准则第 24 号
——套期会计[*]

(2017 年 3 月 31 日 财会〔2017〕9 号)

第一章 总 则

第一条 为了规范套期会计处理,根据《企业会计准则——基本准则》,制定本准则。

第二条 套期,是指企业为管理外汇风险、利率风险、价格风险、信用风险等特定风险引起的风险敞口,指定金融工具为套期工具,以使套期工具的公允价值或现金流量变动,预期抵销被套期项目全部或部分公允价值或现金流量变动的风险管理活动。

第三条 套期分为公允价值套期、现金流量套期和境外经营净

---

[*] 在境内外同时上市的企业以及在境外上市并采用国际财务报告准则或企业会计准则编制财务报告的企业,自 2018 年 1 月 1 日起施行;其他境内上市企业自 2019 年 1 月 1 日起施行;执行企业会计准则的非上市企业自 2021 年 1 月 1 日起施行。同时,鼓励企业提前执行。执行本准则的企业,不再执行财政部于 2006 年 2 月 15 日印发的《财政部关于印发〈企业会计准则第 1 号——存货〉等 38 项具体准则的通知》(财会〔2006〕3 号)中的《企业会计准则第 24 号——套期保值》,以及财政部于 2015 年 11 月 26 日印发的《商品期货套期业务会计处理暂行规定》(财会〔2015〕18 号)。

执行本准则的企业,应当同时执行财政部于 2017 年修订印发的《企业会计准则第 22 号——金融工具确认和计量》(财会〔2017〕7 号)和《企业会计准则第 23 号——金融资产转移》(财会〔2017〕8 号)。

投资套期。

公允价值套期，是指对已确认资产或负债、尚未确认的确定承诺，或上述项目组成部分的公允价值变动风险敞口进行的套期。该公允价值变动源于特定风险，且将影响企业的损益或其他综合收益。其中，影响其他综合收益的情形，仅限于企业对指定为以公允价值计量且其变动计入其他综合收益的非交易性权益工具投资的公允价值变动风险敞口进行的套期。

现金流量套期，是指对现金流量变动风险敞口进行的套期。该现金流量变动源于与已确认资产或负债、极可能发生的预期交易，或与上述项目组成部分有关的特定风险，且将影响企业的损益。

境外经营净投资套期，是指对境外经营净投资外汇风险敞口进行的套期。境外经营净投资，是指企业在境外经营净资产中的权益份额。

对确定承诺的外汇风险进行的套期，企业可以将其作为公允价值套期或现金流量套期处理。

第四条 对于满足本准则第二章和第三章规定条件的套期，企业可以运用套期会计方法进行处理。

套期会计方法，是指企业将套期工具和被套期项目产生的利得或损失在相同会计期间计入当期损益（或其他综合收益）以反映风险管理活动影响的方法。

第二章 套期工具和被套期项目

第五条 套期工具，是指企业为进行套期而指定的、其公允价值或现金流量变动预期可抵销被套期项目的公允价值或现金流量变动的金融工具，包括：

（一）以公允价值计量且其变动计入当期损益的衍生工具，但签出期权除外。企业只有在对购入期权（包括嵌入在混合合同中的购入期权）进行套期时，签出期权才可以作为套期工具。嵌入在混合合同中但未分拆的衍生工具不能作为单独的套期工具。

（二）以公允价值计量且其变动计入当期损益的非衍生金融资产或非衍生金融负债，但指定为以公允价值计量且其变动计入当期损益、且其自身信用风险变动引起的公允价值变动计入其他综合收益的金融负债除外。

企业自身权益工具不属于企业的金融资产或金融负债，不能作为套期工具。

第六条 对于外汇风险套期，企业可以将非衍生金融资产（选择以公允价值计量且其变动计入其他综合收益的非交易性权益工具投资除外）或非衍生金融负债的外汇风险成分指定为套期工具。

第七条 在确立套期关系时，企业应当将符合条件的金融工具整体指定为套期工具，但下列情形除外：

（一）对于期权，企业可以将期权的内在价值和时间价值分开，只将期权的内在价值变动指定为套期工具。

（二）对于远期合同，企业可以将远期合同的远期要素和即期要素分开，只将即期要素的价值变动指定为套期工具。

（三）对于金融工具，企业可以将金融工具的外汇基差单独分拆，只将排除外汇基差后的金融工具指定为套期工具。

（四）企业可以将套期工具的一定比例指定为套期工具，但不可以将套期工具剩余期限内某一时段的公允价值变动部分指定为套期工具。

第八条 企业可以将两项或两项以上金融工具（或其一定比例）的组合指定为套期工具（包括组合内的金融工具形成风险头寸相互抵销的情形）。

对于一项由签出期权和购入期权组成的期权（如利率上下限期

权），或对于两项或两项以上金融工具（或其一定比例）的组合，其在指定日实质上相当于一项净签出期权的，不能将其指定为套期工具。只有在对购入期权（包括嵌入在混合合同中的购入期权）进行套期时，净签出期权才可以作为套期工具。

第九条 被套期项目，是指使企业面临公允价值或现金流量变动风险，且被指定为被套期对象的、能够可靠计量的项目。企业可以将下列单个项目、项目组合或其组成部分指定为被套期项目：

（一）已确认资产或负债。

（二）尚未确认的确定承诺。确定承诺，是指在未来某特定日期或期间，以约定价格交换特定数量资源、具有法律约束力的协议。

（三）极可能发生的预期交易。预期交易，是指尚未承诺但预期会发生的交易。

（四）境外经营净投资。

上述项目组成部分是指小于项目整体公允价值或现金流量变动的部分，企业只能将下列项目组成部分或其组合指定为被套期项目：

（一）项目整体公允价值或现金流量变动中仅由某一个或多个特定风险引起的公允价值或现金流量变动部分（风险成分）。根据在特定市场环境下的评估，该风险成分应当能够单独识别并可靠计量。风险成分也包括被套期项目公允价值或现金流量的变动仅高于或仅低于特定价格或其他变量的部分。

（二）一项或多项选定的合同现金流量。

（三）项目名义金额的组成部分，即项目整体金额或数量的特定部分，其可以是项目整体的一定比例部分，也可以是项目整体的某一层级部分。若某一层级部分包含提前还款权，且该提前还款权的公允价值受被套期风险变化影响的，企业不得将该层级指定为公允价值套期的被套期项目，但企业在计量被套期项目的公允价值时已包含该提前还款权影响的情况除外。

第十条 企业可以将符合被套期项目条件的风险敞口与衍生工具组合形成的汇总风险敞口指定为被套期项目。

第十一条 当企业出于风险管理目的对一组项目进行组合管理、且组合中的每一个项目（包括其组成部分）单独都属于符合条件的被套期项目时，可以将该项目组合指定为被套期项目。

在现金流量套期中，企业对一组项目的风险净敞口（存在风险头寸相互抵销的项目）进行套期时，仅可以将外汇风险净敞口指定为被套期项目，并且应当在套期指定中明确预期交易预计影响损益的报告期间，以及预期交易的性质和数量。

第十二条 企业将一组项目名义金额的组成部分指定为被套期项目时，应当分别满足下列条件：

（一）企业将一组项目的一定比例指定为被套期项目时，该指定应当与该企业的风险管理目标相一致。

（二）企业将一组项目的某一层级部分指定为被套期项目时，应当同时满足下列条件：

1. 该层级能够单独识别并可靠计量。

2. 企业的风险管理目标是对该层级进行套期。

3. 该层级所在的整体项目组合中的所有项目均面临相同的被套期风险。

4. 对于已经存在的项目（如已确认资产或负债、尚未确认的确定承诺）进行的套期，被套期层级所在的整体项目组合可识别并可追踪。

5. 该层级包含提前还款权的，应当符合本准则第九条项目名义金额的组成部分中的相关要求。

本准则所称风险管理目标，是指企业在某一特定套期关系层面上，确定如何指定套期工具和被套期项目，以及如何运用指定的套期工具对指定为被套期项目的特定风险敞口进行套期。

第十三条 如果被套期项目是净敞口为零的项目组合（即各项目之间的风险完全相互抵销），同时满足下列条件时，企业可以将该组项目指定在不含套期工具的套期关系中：

（一）该套期是风险净敞口滚动套期策略的一部分，在该策略下，企业定期对同类型的新的净敞口进行套期；

（二）在风险净敞口滚动套期策略整个过程中，被套期净敞口的规模会发生变化，当其不为零时，企业使用符合条件的套期工具对净敞口进行套期，并通常采用套期会计方法；

（三）如果企业不对净敞口为零的项目组合运用套期会计，将导致不一致的会计结果，因为不运用套期会计方法将不会确认在净敞口套期下确认的相互抵销的风险敞口。

第十四条 运用套期会计时，在合并财务报表层面，只有与企业集团之外的对手方之间交易形成的资产、负债、尚未确认的确定承诺或极可能发生的预期交易才能被指定为被套期项目；在合并财务报表层面，只有与企业集团之外的对手方签订的合同才能被指定为套期工具。对于同一企业集团内的主体之间的交易，在企业个别财务报表层面可以运用套期会计，在企业集团合并财务报表层面不得运用套期会计，但下列情形除外：

（一）在合并财务报表层面，符合《企业会计准则第 33 号——合并财务报表》规定的投资性主体与其以公允价值计量且其变动计入当期损益的子公司之间的交易，可以运用套期会计。

（二）企业集团内部交易形成的货币性项目的汇兑收益或损失，不能在合并财务报表中全额抵销的，企业可以在合并财务报表层面将该货币性项目的外汇风险指定为被套期项目。

（三）企业集团内部极可能发生的预期交易，按照进行此项交易的主体的记账本位币以外的货币标价，且相关的外汇风险将影响合并损益的，企业可以在合并财务报表层面将该外汇风险指定为被套期项目。

第三章 套期关系评估

第十五条 公允价值套期、现金流量套期或境外经营净投资套期同时满足下列条件的,才能运用本准则规定的套期会计方法进行处理:

(一)套期关系仅由符合条件的套期工具和被套期项目组成。

(二)在套期开始时,企业正式指定了套期工具和被套期项目,并准备了关于套期关系和企业从事套期的风险管理策略和风险管理目标的书面文件。该文件至少载明了套期工具、被套期项目、被套期风险的性质以及套期有效性评估方法(包括套期无效部分产生的原因分析以及套期比率确定方法)等内容。

(三)套期关系符合套期有效性要求。

套期有效性,是指套期工具的公允价值或现金流量变动能够抵销被套期风险引起的被套期项目公允价值或现金流量变动的程度。套期工具的公允价值或现金流量变动大于或小于被套期项目的公允价值或现金流量变动的部分为套期无效部分。

第十六条 套期同时满足下列条件的,企业应当认定套期关系符合套期有效性要求:

(一)被套期项目和套期工具之间存在经济关系。该经济关系使得套期工具和被套期项目的价值因面临相同的被套期风险而发生方向相反的变动。

(二)被套期项目和套期工具经济关系产生的价值变动中,信用风险的影响不占主导地位。

(三)套期关系的套期比率,应当等于企业实际套期的被套期项目数量与对其进行套期的套期工具实际数量之比,但不应当反映被套期项目和套期工具相对权重的失衡，这种失衡会导致套期无效，并可能产生与套期会计目标不一致的会计结果。例如，企业确定拟采用的套期比率是为了避免确认现金流量套期的套期无效部分，或是为了创造更多的被套期项目进行公允价值调整以达到增加使用公允价值会计的目的，可能会产生与套期会计目标不一致的会计结果。

第十七条 企业应当在套期开始日及以后期间持续地对套期关系是否符合套期有效性要求进行评估，尤其应当分析在套期剩余期限内预期将影响套期关系的套期无效部分产生的原因。企业至少应当在资产负债表日及相关情形发生重大变化将影响套期有效性要求时对套期关系进行评估。

第十八条 套期关系由于套期比率的原因而不再符合套期有效性要求，但指定该套期关系的风险管理目标没有改变的，企业应当进行套期关系再平衡。

本准则所称套期关系再平衡，是指对已经存在的套期关系中被套期项目或套期工具的数量进行调整，以使套期比率重新符合套期有效性要求。基于其他目的对被套期项目或套期工具所指定的数量进行变动，不构成本准则所称的套期关系再平衡。

企业在套期关系再平衡时，应当首先确认套期关系调整前的套期无效部分，并更新在套期剩余期限内预期将影响套期关系的套期无效部分产生原因的分析，同时相应更新套期关系的书面文件。

第十九条 企业发生下列情形之一的，应当终止运用套期会计：

（一）因风险管理目标发生变化，导致套期关系不再满足风险管理目标。

（二）套期工具已到期、被出售、合同终止或已行使。

（三）被套期项目与套期工具之间不再存在经济关系，或者被套期项目和套期工具经济关系产生的价值变动中，信用风险的影响开始占主导地位。

（四）套期关系不再满足本准则所规定的运用套期会计方法的其他条件。在适用套期关系再平衡的情况下，企业应当首先考虑套期关系再平衡，然后评估套期关系是否满足本准则所规定的运用套期会计方法的条件。

终止套期会计可能会影响套期关系的整体或其中一部分，在仅影响其中一部分时，剩余未受影响的部分仍适用套期会计。

第二十条 套期关系同时满足下列条件的，企业不得撤销套期关系的指定并由此终止套期关系：

（一）套期关系仍然满足风险管理目标；

（二）套期关系仍然满足本准则运用套期会计方法的其他条件。在适用套期关系再平衡的情况下，企业应当首先考虑套期关系再平衡，然后评估套期关系是否满足本准则所规定的运用套期会计方法的条件。

第二十一条 企业发生下列情形之一的，不作为套期工具已到期或合同终止处理：

（一）套期工具展期或被另一项套期工具替换，而且该展期或替换是企业书面文件所载明的风险管理目标的组成部分。

（二）由于法律法规或其他相关规定的要求，套期工具的原交易对手方变更为一个或多个清算交易对手方（例如清算机构或其他主体），以最终达成由同一中央交易对手方进行清算的目的。如果存在套期工具其他变更的，该变更应当仅限于达成此类替换交易对手方所必须的变更。

第四章 确认和计量

第二十二条 公允价值套期满足运用套期会计方法条件的，应当按照下列规定处理：

（一）套期工具产生的利得或损失应当计入当期损益。如果套期工具是对选择以公允价值计量且其变动计入其他综合收益的非交易性权益工具投资（或其组成部分）进行套期的，套期工具产生的利得或损失应当计入其他综合收益。

（二）被套期项目因被套期风险敞口形成的利得或损失应当计入当期损益，同时调整未以公允价值计量的已确认被套期项目的账面价值。被套期项目为按照《企业会计准则第22号——金融工具确认和计量》第十八条分类为以公允价值计量且其变动计入其他综合收益的金融资产（或其组成部分）的，其因被套期风险敞口形成的利得或损失应当计入当期损益，其账面价值已经按公允价值计量，不需要调整；被套期项目为企业选择以公允价值计量且其变动计入其他综合收益的非交易性权益工具投资（或其组成部分）的，其因被套期风险敞口形成的利得或损失应当计入其他综合收益，其账面价值已经按公允价值计量，不需要调整。

被套期项目为尚未确认的确定承诺（或其组成部分）的，其在套期关系指定后因被套期风险引起的公允价值累计变动额应当确认为一项资产或负债，相关的利得或损失应当计入各相关期间损益。当履行确定承诺而取得资产或承担负债时，应当调整该资产或负债的初始确认金额，以包括已确认的被套期项目的公允价值累计变动额。

第二十三条 公允价值套期中，被套期项目为以摊余成本计量的金融工具（或其组成部分）的，企业对被套期项目账面价值所作的调整应当按照开始摊销日重新计算的实际利率进行摊销，并计入当期损益。该摊销可以自调整日开始，但不应当晚于对被套期项目终止进行套期利得和损失调整的时点。被套期项目为按照《企业会计准则第22号——金融工具确认和计量》第十八条分类为以公允价值计量且其变动计入其他综合收益的金融资产（或其组成部分）的，企业应当按照相同的方式对累计已确认的套期利得或损失进行摊销，并计入当期损益，但不调整金融资产（或其组成部分）的账面价值。

第二十四条　现金流量套期满足运用套期会计方法条件的，应当按照下列规定处理：

（一）套期工具产生的利得或损失中属于套期有效的部分，作为现金流量套期储备，应当计入其他综合收益。现金流量套期储备的金额，应当按照下列两项的绝对额中较低者确定：

1. 套期工具自套期开始的累计利得或损失；

2. 被套期项目自套期开始的预计未来现金流量现值的累计变动额。

每期计入其他综合收益的现金流量套期储备的金额应当为当期现金流量套期储备的变动额。

（二）套期工具产生的利得或损失中属于套期无效的部分（即扣除计入其他综合收益后的其他利得或损失），应当计入当期损益。

第二十五条　现金流量套期储备的金额，应当按照下列规定处理：

（一）被套期项目为预期交易，且该预期交易使企业随后确认一项非金融资产或非金融负债的，或者非金融资产或非金融负债的预期交易形成一项适用于公允价值套期会计的确定承诺时，企业应当将原在其他综合收益中确认的现金流量套期储备金额转出，计入该资产或负债的初始确认金额。

（二）对于不属于本条（一）涉及的现金流量套期，企业应当在被套期的预期现金流量影响损益的相同期间，将原在其他综合收益中确认的现金流量套期储备金额转出，计入当期损益。

（三）如果在其他综合收益中确认的现金流量套期储备金额是一项损失，且该损失全部或部分预计在未来会计期间不能弥补的，企业应当在预计不能弥补时，将预计不能弥补的部分从其他综合收益中转出，计入当期损益。

第二十六条 当企业对现金流量套期终止运用套期会计时,在其他综合收益中确认的累计现金流量套期储备金额,应当按照下列规定进行处理:

(一)被套期的未来现金流量预期仍然会发生的,累计现金流量套期储备的金额应当予以保留,并按照本准则第二十五条的规定进行会计处理。

(二)被套期的未来现金流量预期不再发生的,累计现金流量套期储备的金额应当从其他综合收益中转出,计入当期损益。被套期的未来现金流量预期不再极可能发生但可能预期仍然会发生,在预期仍然会发生的情况下,累计现金流量套期储备的金额应当予以保留,并按照本准则第二十五条的规定进行会计处理。

第二十七条 对境外经营净投资的套期,包括对作为净投资的一部分进行会计处理的货币性项目的套期,应当按照类似于现金流量套期会计的规定处理:

(一)套期工具形成的利得或损失中属于套期有效的部分,应当计入其他综合收益。

全部或部分处置境外经营时,上述计入其他综合收益的套期工具利得或损失应当相应转出,计入当期损益。

(二)套期工具形成的利得或损失中属于套期无效的部分,应当计入当期损益。

第二十八条 企业根据本准则第十八条规定对套期关系作出再平衡的,应当在调整套期关系之前确定套期关系的套期无效部分,并将相关利得或损失计入当期损益。

套期关系再平衡可能会导致企业增加或减少指定套期关系中被套期项目或套期工具的数量。企业增加了指定的被套期项目或套期工具的,增加部分自指定增加之日起作为套期关系的一部分进行处理;企业减少了指定的被套期项目或套期工具的,减少部分自指定减少之日起不再作为套期关系的一部分，作为套期关系终止处理。

第二十九条　对于被套期项目为风险净敞口的套期，被套期风险影响利润表不同列报项目的，企业应当将相关套期利得或损失单独列报，不应当影响利润表中与被套期项目相关的损益列报项目金额（如营业收入或营业成本）。

对于被套期项目为风险净敞口的公允价值套期，涉及调整被套期各组成项目账面价值的，企业应当对各项资产和负债的账面价值做相应调整。

第三十条　除本准则第二十九条规定外，对于被套期项目为一组项目的公允价值套期，企业在套期关系存续期间，应当针对被套期项目组合中各组成项目，分别确认公允价值变动所引起的相关利得或损失，按照本准则第二十二条的规定进行相应处理，计入当期损益或其他综合收益。涉及调整被套期各组成项目账面价值的，企业应当对各项资产和负债的账面价值做相应调整。

除本准则第二十九条规定外，对于被套期项目为一组项目的现金流量套期，企业在将其他综合收益中确认的相关现金流量套期储备转出时，应当按照系统、合理的方法将转出金额在被套期各组成项目中分摊，并按照本准则第二十五条的规定进行相应处理。

第三十一条　企业根据本准则第七条规定将期权的内在价值和时间价值分开，只将期权的内在价值变动指定为套期工具时，应当区分被套期项目的性质是与交易相关还是与时间段相关。被套期项目与交易相关的，对其进行套期的期权时间价值具备交易成本的特征；被套期项目与时间段相关的，对其进行套期的期权时间价值具备为保护企业在特定时间段内规避风险所需支付成本的特征。企业应当根据被套期项目的性质分别进行以下会计处理：

（一）对于与交易相关的被套期项目，企业应当按照本准则第三十二条的规定，将期权时间价值的公允价值变动中与被套期项目相关的部分计入其他综合收益。对于在其他综合收益中确认的期权时间价值的公允价值累计变动额，应当按照本准则第二十五条规定的与现金流量套期储备金额相同的会计处理方法进行处理。

（二）对于与时间段相关的被套期项目，企业应当按照本准则第三十二条的规定，将期权时间价值的公允价值变动中与被套期项目相关的部分计入其他综合收益。同时，企业应当按照系统、合理的方法，将期权被指定为套期工具当日的时间价值中与被套期项目相关的部分，在套期关系影响损益或其他综合收益（仅限于企业对指定为以公允价值计量且其变动计入其他综合收益的非交易性权益工具投资的公允价值变动风险敞口进行的套期）的期间内摊销，摊销金额从其他综合收益中转出，计入当期损益。若企业终止运用套期会计，则其他综合收益中剩余的相关金额应当转出，计入当期损益。

期权的主要条款（如名义金额、期限和标的）与被套期项目相一致的，期权的实际时间价值与被套期项目相关；期权的主要条款与被套期项目不完全一致的，企业应当通过对主要条款与被套期项目完全一致的期权进行估值确定校准时间价值，并确认期权的实际时间价值中与被套期项目相关的部分。

第三十二条　在套期关系开始时，期权的实际时间价值高于校准时间价值的，企业应当以校准时间价值为基础，将其累计公允价值变动计入其他综合收益，并将这两个时间价值的公允价值变动差额计入当期损益；在套期关系开始时，期权的实际时间价值低于校准时间价值的，企业应当将两个时间价值中累计公允价值变动的较低者计入其他综合收益，如果实际时间价值的累计公允价值变动扣减累计计入其他综合收益金额后尚有剩余的，应当计入当期损益。

第三十三条　企业根据本准则第七条规定将远期合同的远期要素和即期要素分开、只将即期要素的价值变动指定为套期工具的，或者将金融工具的外汇基差单独分拆、只将排除外汇基差后的金融工具指定为套期工具的,可以按照与前述期权时间价值相同的处理方式对远期合同的远期要素或金融工具的外汇基差进行会计处理。

第五章 信用风险敞口的公允价值选择权

第三十四条 企业使用以公允价值计量且其变动计入当期损益的信用衍生工具管理金融工具（或其组成部分）的信用风险敞口时,可以在该金融工具（或其组成部分）初始确认时、后续计量中或尚未确认时,将其指定为以公允价值计量且其变动计入当期损益的金融工具,并同时作出书面记录,但应当同时满足下列条件：

（一）金融工具信用风险敞口的主体（如借款人或贷款承诺持有人）与信用衍生工具涉及的主体相一致；

（二）金融工具的偿付级次与根据信用衍生工具条款须交付的工具的偿付级次相一致。

上述金融工具（或其组成部分）被指定为以公允价值计量且其变动计入当期损益的金融工具的,企业应当在指定时将其账面价值（如有）与其公允价值之间的差额计入当期损益。如该金融工具是按照《企业会计准则第 22 号——金融工具确认和计量》第十八条分类为以公允价值计量且其变动计入其他综合收益的金融资产的,企业应当将之前计入其他综合收益的累计利得或损失转出,计入当期损益。

第三十五条 同时满足下列条件的,企业应当对按照本准则第三十四条规定的金融工具（或其一定比例）终止以公允价值计量且其变动计入当期损益：

（一）本准则第三十四条规定的条件不再适用,例如信用衍生工具或金融工具（或其一定比例）已到期、被出售、合同终止或已行使,或企业的风险管理目标发生变化,不再通过信用衍生工具进行风险管理。

（二）金融工具（或其一定比例）按照《企业会计准则第22号——金融工具确认和计量》的规定，仍然不满足以公允价值计量且其变动计入当期损益的金融工具的条件。

当企业对金融工具（或其一定比例）终止以公允价值计量且其变动计入当期损益时，该金融工具（或其一定比例）在终止时的公允价值应当作为其新的账面价值。同时，企业应当采用与该金融工具被指定为以公允价值计量且其变动计入当期损益之前相同的方法进行计量。

第六章 衔 接 规 定

第三十六条 本准则施行日之前套期会计处理与本准则要求不一致的，企业不作追溯调整，但本准则第三十七条所规定的情况除外。

在本准则施行日，企业应当按照本准则的规定对所存在的套期关系进行评估。在符合本准则规定的情况下可以进行再平衡，再平衡后仍然符合本准则规定的运用套期会计方法条件的，将其视为持续的套期关系，并将再平衡所产生的相关利得或损失计入当期损益。

第三十七条 下列情况下，企业应当按照本准则的规定，对在比较财务报表期间最早的期初已经存在的、以及在此之后被指定的套期关系进行追溯调整：

（一）企业将期权的内在价值和时间价值分开，只将期权的内在价值变动指定为套期工具。

（二）本准则第二十一条（二）规定的情形。

此外，企业将远期合同的远期要素和即期要素分开、只将即期要素的价值变动指定为套期工具的，或者将金融工具的外汇基差单独分拆、只将排除外汇基差后的金融工具指定为套期工具的,可以按照与本准则关于期权时间价值相同的处理方式对远期合同的远期要素和金融工具的外汇基差的会计处理进行追溯调整。如果选择追溯调整,企业应当对所有满足该选择条件的套期关系进行追溯调整。

第七章 附 则

第三十八条 本准则自 2018 年 1 月 1 日起施行。

附录二

《企业会计准则第 24 号——套期会计》修订说明

一、本准则的修订背景

2006 年财政部发布了《企业会计准则第 24 号——套期保值》，该准则的实施对规范企业套期会计处理、促进企业风险管理起到了积极作用。随着企业风险管理意识的不断增强、风险管理需求的不断增加，以及国际国内衍生品市场的不断完善和发展，该准则也出现了一些不适应企业业务发展和风险管理实务的情况，为了有助于企业更好地进行风险管理，充分发挥套期会计在风险管理中的作用，尤其是强化套期会计与企业风险管理的融合，有必要进一步完善套期会计准则。

套期会计方法较传统财务会计是一种特殊的会计处理方法，它允许企业对冲有关资产或负债的利得和损失，减少利润表的波动性，但为防止企业滥用套期会计，原准则设置了较高的适用性门槛。因此，企业在实务中从事的某些套期业务，可能无法运用套期会计处理。若不采用套期会计，就会造成套期损益无法与被套期项目公允价值和现金流量变动实现对冲，从而加剧企业损益的波动性，这会背离企业风险管理的初衷，影响企业参与套期业务的积极性。因此，社会各方面迫切希望对原套期会计予以改进，降低企业运用套期会计的成本,以更好地反映企业运用套期业务进行风险管理活动的情况。

2008年国际金融危机发生后,国际会计准则理事会在金融工具准则的修订中也认识到了这一问题,加以了修改完善,于2014年7月发布了新国际金融工具准则——《国际财务报告准则第9号——金融工具》(IFRS 9)。新国际金融工具会计准则对套期会计进行了大幅改进,降低了套期会计运用门槛,更加紧密地结合了企业的风险管理活动。经在我国有代表性的企业测试,能够在一定程度上解决我国企业从事套期业务所面临的会计问题。

为进一步完善套期会计处理,切实解决我国企业相关会计实务问题,并保持我国企业会计准则与国际财务报告准则的持续趋同,我们借鉴新国际金融工具会计准则的做法,结合我国实际情况,对原准则进行了修订。

二、本准则的修订过程

本准则修订经历了前期研究、模拟测试、正式起草、征求意见等阶段。

前期研究阶段。2010年12月,国际会计准则理事会发布一般套期会计准则的征求意见稿后,为进一步了解我国套期会计现状,并积极参与国际套期会计准则的制定,我们联合有关监管部门、期货交易机构和有关企业等于2011年7月设立重点科研课题,对代表企业参与套期保值的具体案例进行了研究和分析,总结了普遍面临的问题,并对套期会计准则修订完善提出了政策建议。

2012年初开始,我们陆续接到期货行业有关套期会计问题的反映以及有关业界代表的建议后,继续深入企业和期货交易机构了解情况,并积极开展国际套期会计准则的跟踪研究工作。2013年11

月,国际会计准则理事会发布了一般套期会计准则终稿。为进一步了解我国企业风险管理方法,2014年4月,我们再次联合有关部门和专家开展了课题研究,对当前我国企业商品期货套期的类型、会计处理中面临的问题进行了全面系统的研究,从实务层面为准则修订奠定了基础。

模拟测试阶段。为验证新国际金融工具准则中有关套期会计的规定对我国企业的适用性,2014年11月至2015年1月,我们组织部分有代表性企业开展了商品期货套期业务会计处理测试工作。测试表明,新国际金融工具会计准则有关规定能够一定程度解决当前企业面临的问题,会计处理结果较好地反映了企业风险管理活动的影响。

正式起草阶段。在上述工作基础上,我们于2015年11月印发了《商品期货套期业务会计处理暂行规定》(财会〔2015〕18号),以解决商品期货业界对于改进原套期会计规定的迫切需求。随后,我们成立了套期会计准则项目组,正式开始套期会计准则的修订起草工作,并经过反复讨论修改、技术研讨、征求有关专家意见,包括国际会计准则理事会有关专家的意见,形成征求意见稿。

征求意见阶段。2016年8月,我们发布征求意见稿向全社会公开征求意见。截至2016年12月,共收到反馈意见47份。反馈意见总体上对修订内容表示赞同,并对征求意见稿中所列具体问题及其他问题和行文表述等提出意见和建议。项目组对收集的意见和建议进行了认真研究、分析和吸收,在征求意见稿基础上修改形成了本准则。

在本准则修订和公开征求意见过程中,我们还和国际会计准则理事会、香港会计师公会进行了充分沟通,充分听取了国内国际各方面意见。

三、本准则修订的主要内容

相对于原准则,本准则对套期会计作了较大改进,核心理念是将套期会计和风险管理紧密结合在一起，使企业的风险管理活动能够恰当地体现在财务报告中。根据这一理念，修订的主要内容如下：

（一）拓宽套期工具和被套期项目的范围

本准则拓宽了可以被指定的套期工具的范围，允许将以公允价值计量且其变动计入当期损益的非衍生金融工具指定为套期工具。

同时，本准则拓宽了可以被指定为被套期项目的范围，增加了以下符合条件的被套期项目：一是允许将非金融项目的组成部分指定为被套期项目，例如非金融项目风险敞口的某一风险成分（如铜线价格中的铜基准价格风险）或某一层级（如库存原油中最先实现销售的100桶原油的价格风险）；二是允许将一组项目的风险总敞口和风险净敞口指定为被套期项目；三是允许将包括衍生工具在内的汇总风险敞口指定为被套期项目。

套期工具和被套期项目范围的扩大，能够更好地适应企业的风险管理策略和目标，使得企业对于套期工具和被套期项目的指定具有更大的灵活性，大大地提高了企业应用套期会计的可能性。

（二）改进套期有效性评估

本准则取消了现行准则中80%~125%的套期高度有效性量化指标及回顾性评估要求，代之以定性的套期有效性要求，更加注重预期有效性评估。定性的套期有效性要求的重点是，套期工具和被套期项目之间应当具有经济关系，使得套期工具和被套期项目的价值因面临相同的被套期风险而发生方向相反的变动，并且套期关系的套期比率不应当反映被套期项目和套期工具相对权重的失衡，否则会产生套期无效以及与套期会计目标不一致的会计结果。

在实务中，无论是被套期项目还是套期工具，其公允价值的预期变动均有很大的不确定性，对套期高度有效性量化指标以及回顾性评估要求的取消，使得套期会计可以更多地适用于企业的风险管理活动，从而有效降低企业运用套期会计的门槛，减少企业运用套期会计的成本和工作量，并且有助于在财务报表中更加恰当地反映企业的风险管理活动。

（三）引入套期关系"再平衡"机制

原准则要求，如果套期关系不再符合套期有效性要求，企业应当终止运用套期会计。本准则引入了灵活的套期关系"再平衡"机制，如果套期关系由于套期比率的原因而不再满足套期有效性要求，但指定该套期关系的风险管理目标没有改变的，企业可以进行套期关系再平衡，通过调整套期关系的套期比率，使其重新满足套期有效性要求，从而延续套期关系，而不必如原准则所要求先终止再重新指定套期关系。

套期关系"再平衡"机制的引入，更加贴近企业的风险管理活动实务，在一些情形下避免了套期关系的终止，简化了企业的会计处理，适应了企业实务发展和风险管理的需要。

（四）增加期权时间价值的会计处理方法

原准则规定，当企业仅指定期权的内在价值为被套期项目时，剩余的未指定部分即期权的时间价值部分作为衍生工具的一部分，应当以公允价值计量且其变动计入当期损益，造成了损益的潜在波动，不利于反映企业风险管理的成果。本准则引入了新的会计处理方法，期权时间价值的公允价值变动应当首先计入其他综合收益，后续的会计处理取决于被套期项目的性质，被套期项目与交易相关的（如对预期商品采购进行套期），对其进行套期的期权时间价值具备交易成本的特征，累计计入其他综合收益的金额应当采用与现金流量套期储备金额相同的会计处理方法进行处理；被套期项目与时间段相关的（如对 6 个月内的商品存货进行套期），对其进行套期的期权时间价值具备为保护企业在特定时间段内规避风险所需支付成本的特征，累计计入其他综合收益的金额应当按照系统、合理的方法，在套期关系影响损益（或其他综合收益）的期间内摊销，计入当期损益。

针对期权时间价值的新会计处理方法的引入，有利于更好地反映企业交易的经济实质，提供了与其他领域相一致的会计处理方法，提高了会计结果的可比性，减少了企业损益的波动性。

（五）增加信用风险敞口的公允价值选择权

本准则新增规定，符合一定条件时，企业可以在金融工具初始确认时、后续计量中或尚未确认（如贷款承诺）时，将金融工具的信用风险敞口指定为以公允价值计量且其变动计入当期损益的金融工具；当条件不再符合时，应当撤销指定。

实务中，许多企业使用信用衍生工具来管理借贷活动所产生的信用风险敞口，但信用风险成分通常不能够被单独识别并可靠计量，且信用风险敞口通常以摊余成本计量或者尚未确认，而用来管理信用风险的信用衍生工具以公允价值计量，计量方式的不匹配就会引起损益的波动。因此，本准则允许企业对金融工具的信用风险敞口选择指定为以公允价值计量且其变动计入当期损益来进行会计处理，以实现信用风险敞口和信用衍生工具公允价值变动在利润表中的自然对冲，而不需要采用套期会计，以此作为套期会计的一种替代，以更好地反映企业管理信用风险活动的结果，提高企业管理信用风险的积极性。